'양 떼를 지켜라' 문제 해결 인형치료

- 인형과 은유를 통한 상징체계의 통합 모델 -

최광현은 한세대학교 심리상담대학원 교수이자 트라우마가족치료 연구소장. 그는 우리 마음에 생긴 가장 깊은 상처는 대부분 가족과 연결되어 있다고 말한다. 가족 안에서 겪는 문제뿐 아니라 삶에서 경험하는 불행, 낮은 자존감, 불편한 인간관계 등의 뿌리가 가족 안에 있다고 보고 오랜 기간 가족 문제에 대해 공부하였다. 연세대학교 대학원을 마치고 독일 Bonn대학교에서 가족상담전공으로 박사학위를 받았다. 특히 가족치료의 다양한 방법들 중에서 트라우마를 통한 가족치료를 전공하였다. 트라우마 가족치료는 부부가 서로 나고 자란 가족에게 받은 상처를 그대로 안고서 새로운 가정을 꾸렸을 때 감정이 얽히고 설키면서 상처를 주고받게 되는 것에 주목한다. 이후 독일 루르(Ruhr) 가족치료센터 가족치료사로 활동하면서 유럽 여러 나라의 수많은 가족이 안고 있는 갈등과 아픔을 목도하였다. 세상에서 가장 가까운 가족과 마음 불편하게 사는 사람들은 국경을 초월해 어디에나 많았다. 한국에 돌아와서도 트라우마가족치료 연구소장으로 수많은 가족의 아픔을 상담해 왔으며, 최근에는 상처 입은 사람들을 돕기 위해 인형치료에 매진하고 있다.

저서로 《가족의 두 얼굴》《사람이 힘겨운 당신을 위한 관계의 심리학》《나는 내 편이라고 생각했는데》《가족의 발견》《나는 남자를 버리고 싶다》《인형치료》《부부.가족인형치료》《인형심리평가》《상처 입은 내면아이 인형치료》《가족세우기치료》《지금 나에게 필요한 용기》《인형치료카드》《양 떼를 지켜라 인형치료카드》 등이 있다.

'양 떼를 지켜라' 문제 해결 인형치료
- 인형과 은유를 통한 상징체계의 통합 모델 -

2021년 11월 10일 발행

지은이 · 최광현
펴낸이 · 최재일
펴낸곳 · 한국인형치료연구회
주 소 · 경기도 군포시 번영로 557번길 18
전 화 · 031-457-2960
홈페이지· http://www.figuretherapy.org
도서번호(ISBN) · 979-11-958279-6-1
정 가 · 25,000원

'양 떼를 지켜라'
문제 해결 인형치료

인형과 은유를 통한 상징체계의 통합 모델

최 광 현 지음

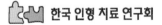 한국 인형 치료 연구회

▌프롤로그

사람들이 어떤 행동을 하는 이유를 이해하려면

그들의 눈을 통해 세상을 바라보고

그들이 어떻게 상황을 파악하는지 살펴봐야 한다.

- 쿠르트 레빈 -

인형과 은유를 사용하는 '양 떼를 지켜라' 문제 해결 인형치료는 2016년 초반에 부산행 KTX 기차 안에서 우연히 생각해낸 것이다. 아이디어를 핸드폰에 저장하고 집에 돌아와서 당시 중학생이던 아들에게 제일 먼저 사용해보았다. 양 떼를 지켜라의 이야기가 가진 집단 무의식적 스토리텔링에 아들은 몰입하였고, 아들의 문제 해결 능력과 방어기제, 자아 상태를 진단할 수 있었다. 나는 '양 떼를 지켜라' 치료모델을 임상 현장 안에서 치료적 개입에도 사용할 수 있는 모델이 되도록 연구를 진행하였다. 스토리텔링을 풍부하게 만들고 여기에 퍼펫을 동시에 사용하게 함으로써 아동, 청소년 상담에서 활발하게 사용할 수 있는 치료모델로 이끌었다. 이제 2021년 가을, 6년 동안 나의 치료 공간에서만 다루어지던 '양 떼를 지켜라' 문제 해결 인형치료가 세상을 향해 나올 수 있게 되었다. 본 교재는 《양 떼를 지켜라 인형치료카드》의 사용을 위한 안내서로 제작되었다. 《양 떼를 지켜라 인형치료카드》와 본 교재는 '양 떼를 지켜라' 치료모델을 활용하기 위한 기본 도구인 셈이다.

언제나 나에게 많은 영감을 주는 (사)한국인형치료학회의 회원분들에게 경의를 표현하고 싶다. 이 모델이 여기까지 올 수 있도록 이끈 진정한 선구자들이다. 또한, 아내의 격려가 아니었다면 세상에 발표할 용기를 얻지 못했을 것이다. 아내 선우현 교수에게 감사의 인사를 전하고 싶다. 아울러 편집 작업을 도와준 배우열 선생님과 정수인 간사에게 고마움을 전한다. 아무쪼록 본 치료모델이 아동, 청소년, 성인 상담에서 널리 활용되어 삶의 위기에 처한 내담자들이 문제 해결의 자원을 촉진 받고 이를 극복할 기회를 얻기를 기원한다.

2021년 10월 25일

최광현

▌목차

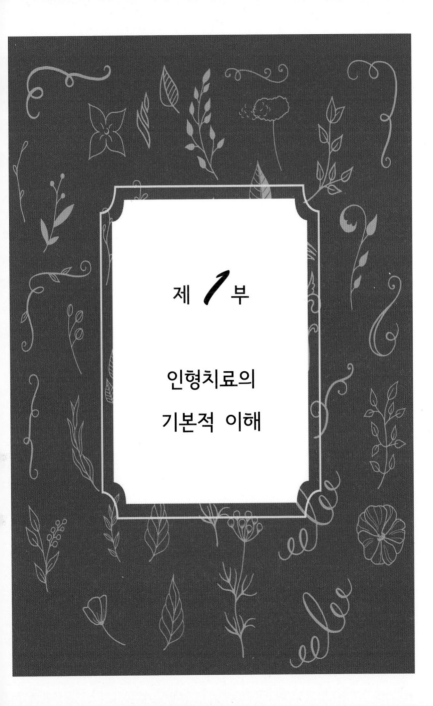

제 **1** 부

인형치료의

기본적 이해

'양 떼를 지켜라' 문제 해결 인형치료 모델은 인형치료라는 영역에 속해있는 하나의 치료모델이다. 인형이라는 매체는 게슈탈트치료, 사이코드라마, 가족치료, 놀이치료 등 다양한 치료적 영역에서 사용하고 있지만, 이곳들에서의 인형 사용은 하나의 치료기법에 불과했나. 인형치료는 심층심리학과 가족체계이론의 이론적 기초위에서 동물과 사람인형을 중요한 도구로 사용하는 치료모델이다. 인형이라는 정서적 투사적 도구를 통해 진단과 평가, 치료적 개입까지의 전체적인 치료모델들을 포함하고 있다. '양 떼를 지켜라' 문제 해결 인형치료 모델을 본격적으로 소개하기 전에 먼저 인형치료의 치료적 개념과 특징을 소개하고자 한다.

1. 인형치료의 치료적 개념

인형은 인간과 가장 유사한 형태를 가진 인간의 대체물이며, 인형의 기원은 인류 역사와 같이 오래전에 출발했으며, 인간이 존재한 곳이면 어디에나 있었다. 고대에는 일반적으로 복을 부르고 재앙을 쫓아내는 종교적인 의미로 인형이 만들어졌다. 또는 귀인의 부장품과 아이들의 장난감으로 인간의 옆자리에 항상 존재해왔다. 이러한 인형들은 각기 주술적 목적의 인형으로 활용되었을 뿐 아니라 오랫동안 인형극 등의 놀이 장르를 발전시켜 왔다. 이처럼 인형은 원시시대부터 있었던 인간의 발명품 중의 하나로 심리적 도구였다고 할 수 있다(최광현, 선우현, 2016). 즉, 인간은 인형을 친밀함과 위안을 얻고 자기감정을 투사하는 도구로 사용해 왔다. 이러한 맥락에서 인형을 심리치료에 이용하게 된 것은 자연적인 현상이다. 인형은 인간의 필요로 만들어진 가장 오래된 물건 중 하나일 뿐 아니라 인간과 가장 오랫동안 함께해 온 존재로서, 인간의 속마음을 효과적으로 표현할 수 있으며 우수한 심리적 기제로 활용될 수 있다. 인형이 치료 과정에 활용되기 시작한 것은 제1차 세계 대전 이후 '참전병 쇼크'로 고통받는 병사들을 위해서였다. 이들은 인형을 통한 치료에 별다른 부담감을 표시하지 않고 치료에 응하였으며, 이후 인형은 치료 과정에서 다양하게 활용되었다. 인형은 특히 아동과 청소년상담에서 많이 활용되고, 외상이 있는 내담자를 위한 치료적 도구로 활용된다. 그리고 가족치료의 영역에서도 인형을 통한 치료적 활용이 증가하고 있으며 자녀만이 아닌 부부와 가족전체를 대상으로 직접 사용하고 있다. 인형치료 현장에서 인형은 언어적 상담이 갖는 한계를 보완해 주는 매체상담적 도구로 활용되고 있다. 언어적으로 한계가 있는 아동과 청소년 내담자들에게 소통의 도구로 활용되고 있으며, 동물인형이 갖는 동물상징체계를 통해 내담자의 무의식적인 내용을 진단과 평가로 활용하기도 한다. 부부와 가족 상담에서 부부와 가족체계를 객관적으로 이해하고 이를 토대로 변화할 가능성을 가져오는데 사용된다.

인형치료와 가장 유사한 치료모델로 모래치료가 있다. 인형치료는 피규어를 사용한다는 점에서 모래치료와 유사하지만, 이론과 실천에서 큰 차이가 난다. 모래치료는 모래를 중요 도구로 사용해서 분석심리학만을 이론적 토대로 사용하지만, 인형치료는 모래를 사용하지 않고 분석심리학 외에도 가족체계이론을 사용한다. 상징체계를 통해 내담자의 증상을 무의식적 차원에서만이 아닌 상호작용의 관계적 차원에서도 다룬다. 내담자의 증상은 '의미 있는 상징체계'인 동시에 관계적 맥락에서 만들어진 소통방식의 주제를 갖는다고 본다. 인형치료는 모래치료와 다르게 언어를 보다 적극적으로 활용한다. 인형치료에 있어 인형은 언어적 치료를 보완해 줄 수 있는 보조도구로 활용하고 있다. 내담자는 인형을 통해 고통을 표현할 수 있으며, 가장 효과적으로 의사를 전달할 수 있는 도구인 언어를 활발히 사용하면서도 언어가 갖는 한계를 보완해 주는 치료 과정을 경험할 수 있다.

2. 인형치료의 주요 특징

1) 상징체계와 인형치료

인형치료는 인형이라는 정서적 투사의 도구를 통해 무수한 감정, 욕구, 생각, 신념 등의 잠재적인 무의식을 표현할 수 있도록 돕는다. 인형은 은유를 만들 수 있는 장치로서 내담자가 자기의 문제를 가장 효과적으로 전달하게 해주고, 상담사 역시 내담자에게 효과적으로 해석을 전달할 수 있게 해줄 수 있다. 인형이 만들어내는 상징체계는 내담자에게 자신의 문제와 관련된 추상적인 것과 구체적인 것을 통합하여 표현하게 해준다. 이를 통해 의식과 무의식의 내용을 중재하여 내면 밖으로 표출하도록 이끌 수 있다. 따라서 상징체계를 사용하는 치료 과정에서 은유의 사용은 놀라운 치료적 효과를 만들어낸다(최광현, 2017). 인형을 통해 치료적 은유가 나타나면 자연스럽게 치료적 해석이 뒤따른다.

인형은 동물과 사람의 시각적 이미지를 형상화해 놓은 것으로 여기에는 일정한 상징체계가 존재한다. 인형치료에서는 동물상징체계를 활용하고 있다. 동물인형은 정제되고 단순한 상징 언어이기에 동물인형의 상징을 통해 다음과 같은 것을 탐색할 수 있다. 우리는 무의식에서 수없이 많은 에너지와 이미지의 흐름을 통해 가족관계 갈등이나 어린 시절에 해결하지 못한 부모-자녀 관계 등에 대해 인식할 수 있다. 특히, 무의식적인 외상으로 지속적인 마음의 깊은 상처로 갈등과 문제를 안고 있는 내담자들의 특징을 알 수 있다(노경희, 2016). 인형치료에 있어서 인형은 가족의 이미지를 창조하고 또 발생한 이미지를 상징으로 이용하는 특별한 도구가 된다(최광현, 선우현, 2016). 내담자는 가족 안에서 경험한 수많은 무의식적인 재료들을 인형을 통해 표현한다. 인형은 내담자가 경험한 가족 무의식의 강력한 역동을 표현할 수 있는 살아있는 무의식의 모자이크다. 이 모자이크는 무의식 안에 있는 가족과 관련된 엄청난 에너지 체계, 상호작용, 갈등이나 움직임을 나타낸다. 이처럼 인형은 가족의 이미지를 창조하고 또 발생한 이미지를 상징으로 이용하는 특별한 도구가 된다. 따라서 훈련을 통해 인형의 상징을 관찰하는 눈을 갖게 되면, 우리는 무의식에서 거의 쉼 없이 흘러나오는 수많은 에너지와 이미지의 흐름을 알아차리게 될 수 있다(최광현, 2017).

심층심리학에서 동물상징은 무의식을 탐색하는 상징체계로 인식됐으며, 의식 속에서 표현하고 통합, 개입하는데, 도구로 사용되었다. 무의식을 발견한 프로이트로부터 시작해서 무의식적 상징체계를 해석하여 의식화시키려는 노력은 심층심리학의 발전을 가져왔다. 심층심리학은 인간의 의식 속의 모든 개념은 그 자체의 심리적 연상을 지닌다고 본다. 이런 연상은 그 강도가 서로 다를 수 있기는 하지만 인간의 전인격이 수용하는 그 개념의 상대적 중요성에 따라서 혹은 그 개념이 우리의 무의식에서 연상시키는 관념이나 콤플렉스에 따라서 연상 자체는 그 개념의 원래의 성격을 바꿀 수 있다. 이러한 무의식적인 측면은 대단히 중요하다. 왜냐하면, 무의식적 측면이야말로 우리의 의식적 사고의 보이지 않는 뿌리이기 때문이다(Jung, 1996).

인형치료는 동물상징체계를 활용해서 무의식적인 내용을

진단하고 평가한다. 인형치료에서는 상징물들의 이미지를 심층적으로 분석하고 해석하면서 동시에 상징의 관계적 차원을 다룬다. 상담사는 동물인형이 갖는 상징을 분석하고 해석하면서 동시에 내담자에 의해 세워진 상징의 이미지 흐름 속에서 관계적 차원을 살피고 주어진 맥락에서 이해하는 특징을 갖는다.

2) 관계 문제 해결을 위한 치료 도구로서의 인형치료

인형치료는 인간의 가장 근본적인 문제가 가족과 연결되어 있다는 전제 속에서 출발한다. 이러한 부분이 인형치료와 가장 유사한 치료모델인 모래치료와의 근본적인 차이를 만들어낸다.

가족치료의 다른 이름이 '관계치료'이다. 한병철(2012)은 피로사회에서 "시대마다 그 시대의 고유한 질병이 있다(p. 11)"고 말한다. 우리 시대의 대표적 증상은 관계의 문제로 인한 갈등이다. 대부분 상담실을 찾아오는 내담자들의 대부분 증상은 관계 문제와 연결되어 있다. 말 그대로 유치원 아동에서부터 요양원에 있는 노인에 이르기까지 그들 문제 대부분은 관계의 위기와 연결될 수 있다. 관계에서 출발하는 문제를 해결하기 위해서는 관계의 문제를 가진 사람들의 상호작용을 체계로 보는 체계론적 관점이 필요하며 대표적인 관계의 문제가 바로 가족이다. 가족을 체계로 사고하는 것은 우리 인간이 불가피하게 사회적인 존재라는 사실을 바탕으로 하고 있다(Bradshaw, 2003). 가족은 단순히 아버지, 어머니, 자녀로만 이루어진 것이 아니라 오랜 세월에 걸쳐 형성된 여러 세대들의 체계로 고유한 규칙과 기대와 의무를 갖게 된다. 이런 고유한 규칙과 기대와 의무는 삶 전반에 걸쳐 정교화되며 한 개인의 행동, 생각, 느낌 및 대인 관계에 큰 영향을 미친다.

관계의 위기를 다루는 부부와 가족상담을 위한 치료 도구로 인형이 사용될 수 있다. 동물인형을 통해 관계체계를 진단과 평가를 하며, 이를 바탕으로 가족인형을 사용하여 치료적 개입을 한다. 인형상징의 도움을 통해 부부와 가족구성원들에게 문제체계에 대한 객관적인 인식이 가능하도록 할 수 있다. 무엇보다 상담 현장 속에서 청각만이 아닌 시각과 촉각을 사용하게 하는 가족인형은 가족구성원들로 하여금 가족체계에 대한 객관화된 인식과 통찰을 가능하게 해줄 수 있다. 가족을 하나의 체계로 보고 접근하는 가족치료에서 문제는 원인과 결과의 환원적 결과물이 아닌 순환하는 체계의 문제로 보는 체계론적 접근에서 인형상징체계의 활용은 잘 부합되는 매체가 될 수 있다. 상담사는 많은 상호작용의 복잡성이 존재하는 부부·가족상담 현장에서 의사소통의 복잡성을 단순화시키어 명확하게 소통할 수 있도록 도울 수 있는 도구인 가족인형을 사용함으로써 치료적 가능성을 높일 수 있다.

3) 트라우마를 위한 치료 도구로서의 인형치료

인형은 고대에서부터 현재에 이르기까지 동일한 목적으로 사용하고 있는 가장 오래된 물건으로서 인간의 마음을 효과적으로 표현할 수 있는 심리적 기제로 활용되고 있다. 무엇보다 트라우마적 경험을 가진 사람들에게 인형은 놀라운 자가치료의 자원이 되어왔다. 칼 융의 자서전을 쓴 Bair(2003)는 칼 융이 어린 시절 성적 트라우마에 노출되었다고 밝힌다. 그를 성적으로 폭행했을 유력한 사람은 아버지의 친구인 가톨릭 사제였을 것으로 추정한다. 이 사건은 칼 융의 어린 시절뿐 아니라 성인의 삶에 커다란 영향을 미쳤다고 한다. 예를 들어 가톨릭과 가톨릭 사제는 그에게 평생에 걸쳐 커다란 두려움을 불러일으켰다고 말한다. 칼 융의 어린 시절은 성적 폭행의 트라우마로 인해 고통받아야 했고, 칼 융은 스스로 인형을 만들어 그 인형을 자기만 아는 공간에 숨기는 행동을 통해 트라우마적 고통을 자신과 분리하려고 하였고, 그것은 심리적으로 커다란 성공을 가져다주었다(Jung, 2001).

트라우마는 한 인간의 삶에서 대단히 고통스러운 경험이다. 개인의 삶은 트라우마가 발생하기 전과 후가 다르다. 따라서 어떤 식으로든 자기의 삶에 닥친 위기를 해결해야 한다. 트라우마가 단지 심리적·정서적 문제만이 아니라 감각기관과 밀접한 연관이 있기 때문이다. 트라우마는 뇌뿐만 아니라 신체에도 그 흔적을 남긴다. 심리적 외상, 트라우마라고 하는 것은 자신이나 세상에 대해 부정적이고 비합리적인 잘못된 믿음이 생겨나도록 하는 모든 경험이라고 할 수 있다. 이렇게 우리가 살아가면서 경험하게 되는 트라우마들은 빅 트라우마와 스몰 트라우마로 나눌 수 있다. 빅 트라우마는 전쟁, 재난, 천재지변, 불의의 사고, 강간, 아동기 성폭행 등과 같이 일상을 넘어서는 커다란 사건이 한 개인의 삶에 극적인 영향을 주는 경험을 말한다. 스몰 트라우마는 각 개인의 삶에서 자신감 혹은 자존감을 잃게 만드는 일상에서의 경험, 사건을 말한다. 이런 경험들이 자신에 대해서 부정적이고 제한적인 믿음을 갖게 하여 자신의 잠재력을 충분히 발휘하지 못하고 위축되고 불만족스러운 삶을 살게 한다(김준기, 2009). 프로이트의 트라우마와 관련된 주요 개념인 '강박 반복' 개념에 따르면 우리의 몸은 과거의 고통을 재현함으로써 그 고통을 통제하려고 한다. 즉, 트라우마를 다스리기 위해 그 트라우마를 반복하는 것이다. 트라우마는 이처럼 마음뿐만 아니라 우리의 몸에도 심각한 영향을 끼친다. 따라서 트라우마의 고통을 가진 내담자를 다룰 때 마음과 몸을 함께 다룰 수 있는 치료적 접근이 필요하다. 인형치료는 인간의 몸을 대신하며 인형을 움직이고 배치하는 작업을 통해 인형에 자기감정과 느낌을 투사할 수 있게 만들어준다. 트라우마로 고통스러워하는 내담자에겐 한가지 특정한 기법만으로는 치유되지 않는다. 자기를 수용해 주고 지지해 주는 상담사를 만나서 트라우마의 얽힘을 알게 될 때 치유의 경험이 가능할 수 있다. 인형치료는 인형이라는 매개체를 통해 상담사의 공감과 따뜻한 지지를 촉진해서 내담자에게 수용적인 관계를 제공한다. 내담자는 상담사와의 관계를 통해 자기의 트라우마를 직면할 수 있는 용기를 얻게 된다. 또한, 인형치료는 트라우마의 실체를 은유적으로 다루게 함으로써 치료에서 발생하는 직면의 고통을 완화할 수 있다. 분리 작업을 통해 과거와 현재의 삶에 대한 통찰을 얻게 되고, 새로운 자아상과 자존감을 형성할 수 있는 토대를 제공하게 된다. 이렇게 인형은 트라우마를 상징체계를 통해 다루어 안전하게 현재와 과거를 분리하는 치료적 가능성을 제공함과 동시에, 문제의 실타래를 풀 수 있는 통찰의 기회를 제공한다.

4) 인형치료의 치료 목표

인형치료는 인형을 통해 내담자의 문제와 갈등을 '지금-여기'의 공간 속에서 나타나게 하며 이를 통해 해결해 나가는 치료모델로, 상담 현장에서 드러난 현상에 집중함으로써 가족의 실체와 숨겨진 가족의 모습을 볼 수 있게 되는 과정을 '현상학적 방법'이라 부른다(최광현, 2014). 인형치료는 현재의 갈등과 과거의 불행한 경험을 분리하는 작용을 한다. 인형치료는 인형을 통해서 현재의 갈등이 단지 현재에서 온 것이 아니라는 사실을 파악하게 하고, 현재의 갈등에 대한 과거의 영향을 객관적으로 볼 수 있도록 하는 좋은 도구이다. 동물인형과 가족인형이라는 상징물들을 통해 내담자는 한눈에 그동안 스스로 가족 안에서 어떤 역할을 했었는지, 가족들이 어떤 상호작용 패턴을 나타내고 있는지를 보며, 자기의 과거와 현재, 그 사이에 있던 과거의 영향을 탐색하면서 현재의 삶을 직시할 수 있게 된다. 현상학적 기초를 전제하는 인형치료는 내담자의 위기를 단지 외형적으로만 관찰하는 것이 아닌 그 현상 자체에 초점을 맞추며, 이를 통해 가족이 무엇을 생각하고 느끼는지 그리고 더 나아가 의미체계가 무엇인지를 파악하려고 한다(최광현, 선우현, 2016).

인형치료의 치료적 목표는 내담자가 가진 문제체계에 관한 관점의 문제를 다루는 것에 있다. 상담 과정은 내담자 스스로 왜곡된 시각의 패턴을 알게 되고 변화를 원했을 때 관점의 왜곡을 불러온 문제체계를 다루면서 변화를 시도한다. 내담자의 양극단의 부정적 시각은 단지 시각과 사고의 단순한 형태에서 온 것이 아니다. 과거의 상처받은 나를 만나고, 더는 상처받지 않으려고 만든 방어 전략을 수정함으로써 변화가 시작되었다. 불행에 대한 의미의 전환은 우리에게 상처를 바라보는 새로운 시선을 제공한다. 상처의 궁극적 도달 지점은 상처를 해결하는 것이 아닌 성장하는 것이다. 본인의 의지와는 상관없이 억지로 상처를 받았지만, 그것에 대응하는 과정에서 뜻하지 않던 소중한 가치들을 얻게 된다. 문제와 갈등은 극복해야 할 단지 적과 같은 존재이기보다 상처에 대응하면서 얻게 된 소중한 가치들을 발견하고 자기의 삶 속에 통합하는 것이다. 인형치료에서는 무의식이 작용하는 상징을 사용하여 내담자의 자기 인식을 돕고 자기를 객관화시킬 기회를 제공한다. 내담자는 상징을 통해 자신의 문제를 좀 더 안전하게 만나게 됨으로써 자기 자신과 자기를 둘러싼 문제체계에 대한 변화를 얻게 된다(최광현, 선우현, 2016).

롤로 메이(May, 2013)는 상징이 달라지면 기억도 달라진다고 말한다. 과거의 트라우마에 대한 기억은 실제 과거와는 거의 관련이 없으며, 오히려 현재와 더 많은 관계가 있다. 우리는 과거의 트라우마 기억을 불러낼 때마다 덧칠 작업을 한다. 다시 말해 우리의 트라우마에 대한 모든 기억은 완전히 객관적일 수 없다. 우리에게 영향을 미치는 것은 과거 그 자체가 아니라 그 과거와 관계를 맺는 방법이다. 따라서 문제 해결을 위한 중요한 전제는 트라우마 자체의 기억을 도려내는 것이 아니라 언제든 편집될 수 있는 트라우마의 기억을 현재 속에서 재편집하고 가공하는 데 있다. 트라우마의 기억을 편집하기 위해 트라우마를 바라보는 관점의 변화, 시각의 변화가 필요하다(최광현, 선우현, 2016).

인형치료는 내담자를 치료하기 위해서는 새로운 의미를 찾아내어 자신의 문제와 아픔을 바라보는 관점의 변화를 일으키려고 한다. 이를 위해 인형상징을 통해 자신의 문제체계를 객관적으로 인식하도록 하면, 그때 비로소 문제를 바라보는 새로운 의식의 전환이 가능해진다. 한 인간이 변화하기 위해서는 자기 자신과 자신을 둘러싼 상황을 바라보는 관점에 변화가 일어나야 한다. 그러기 위해서는 기존의 문제체계가 갖고 있던 의미를 해체하고 새로운 의미로 전환해야 한다. 의미 전환은 내담자가 자신의 문제체계를 새로운 관점으로 볼 수 있게 해준다. 내담자가 문제를 다른 방향으로 개념화하게 하는 데 있어 기본이 되고 문제의 새로운 해결 방안을 찾아낼 가능성을 높여준다. 인형치료는 가능한 한 내담자가 긍정적인 측면에서 상처와 의미를 발견하도록 돕는 동시에, 내담자가 자신과 자신을 둘러싼 상황을 객관적으로 볼 수 있도록 재구성하는 것을 도움으로써 증상에 새로운 의미를 부여할 수 있도록 돕는 촉진자의 위치에 서려고 한다. 이러한 맥락에서 인형치료는 사회 구성주의적 태도를 보인다.

3. 인형치료의 대표적인 상징적 도구

인형치료의 대표적인 상징적 도구는 동물인형과 사람인형으로 구성된다. 그 외 퍼펫을 비롯한 다양한 인형들이 사용될 수 있다. 동물은 원형의 힘을 부여받은 상징체계의 보물창고로 인간 무의식의 여러 가지 차원을 보여주는 도구가 된다. 동물인형은 치료 공간 안에서 내담자의 무의식을 탐색할 수 있으며 치료적인 의미를 해석할 수 있다. 동물상징체계는 집단 무의식과 밀접한 연결을 한다(최광현, 선우현, 2016). 집단 무의식은 개인적 경험과는 무관하게 무의식을 통해 자연적으로 발생한 것으로, 인간 본성의 본질적인 부분뿐 아니라 이미지를 구성한다. 여기에는 대표적인 원형이 아니마와 아니무스 외에도 수많은 원형적 이미지가 존재하며 폰 프란츠에 의하면 동물은 원형적 힘을 부여받은 상징체계이다.

<동물인형>

　동물인형은 초식과 육식, 가축과 야생동물, 집단생활과 단독생활의 동물로 구분된다. 야생과 단독생활 동물들은 공격성을 가진 동물로 사자나 호랑이 혹은 표범이라고 할 수 있다. 사자와 호랑이 같은 맹수와 더불어, 하이에나, 늑대, 치타, 상어, 문어, 뱀, 전갈 등의 동물들은 대체로 공격적이고, 어느 정도 힘을 가진 존재로 나타난다. 그러나 이 상징이 의미하는 것은 당사자 자체만이 아니라 관계에서 나타나는 특성임을 기억해야 한다.

　칼 융(2016)은 원시적인 동물일수록 보다 깊은 무의식의 자기를 표현한다고 말한다. 정신의 깊은 층에 있는 내용은 보편적인 의식성으로부터 멀리 떨어져 존재하며 이러한 것들은 뱀과 같은 원시적 동물로 표현된다. 인간에게 길들여진 동물인 개가 상징하는 무의식의 내용은 의식 세계에 그만큼 편입시킬 수 있는 내용을 갖고 있지만 뱀, 공룡, 맹수류로 표현되는 동물은 인간의 깊은 무의식에 존재한다.

동물인형에 대한 상징성은 동물 자체가 가지는 자연적인 성품, 특성, 외모에 기반을 둔다. 동물인형은 크게 파충류를 포함한 육상동물, 조류, 어류를 포함한 해양동물, 곤충류로 나누어질 수 있다. 이러한 다양한 동물로 인간의 자아와 관계의 특징을 탐색할 수 있다. 곤충을 통해 인간의 무의식적인 거부감과 불쾌감과 같은 부정적인 정서가 표현되고, 해양동물은 인간의 무의식적 내용이 좀 더 표현될 수 있으며, 조류는 인간 무의식에 있는 소망과 열망을, 육상동물은 인간의 자아상과 관계구조와 패턴을 표현하도록 사용될 수 있다.

육상동물 중에 초식동물과 같은 동물은 비교적 온순하거나 힘이 없는 존재로 나타난다. 그러나 버팔로, 코뿔소, 고릴라, 소, 큰 뿔사슴, 하마 등과 같은 동물은 맹수에 포함되지 않지만 강한 힘과 에너지를 상징한다(최광현, 선우현, 2016).

인형치료 안에서 동물상징은 진단과 평가, 소통의 도구, 치료적 개입의 도구로 활용된다. 동물인형과 더불어 사람인형은 내담자의 의식적인 차원을 끌어낼 수 있는 도구로 활용된다. 동물인형은 동물상징체계의 의미 안에서 해석한다면, 사람인형은 인형이 세워져 있는 위치, 방향, 자세, 구조 안에서 해석을 할 수 있다.

<사람인형>

상담사는 세워진 사람인형 속에서 다양한 관계의 역동을 해석할 수 있다. 내담자는 자신의 내면에 대한 하나의 표현 수단인 사람인형을 통해 상담사와 소통을 나누며 자기 내면에 귀를 기울이고 그것을 신뢰하는 법을 배우게 된다.

임상 현장에서는 동물인형을 먼저 선택하게 하여 내담자의 무의식을 다루고 나서 사람인형을 사용한다. 그러나 이러한 순서는 뒤바뀔 수도 있으며, 동물인형과 사람인형을 혼용해서 동시에 사용하기도 한다. 선택된 사람인형과 동물인형의 모습을 통해 내담자는 자기가 인식하고 있는 관계의 메커니즘을 드러내게 된다. 인형의 팔과 머리의 움직임, 서 있는 자세와 위치를 통해 가치 있는 해석이 가능하다. 상담사는 내담자가 선택한 사람인형들을 보고 치료적 개입을 시도하게 된다. 상담사는 다음과 같은 기본적 치료 전제를 통해 치료적 개입을 시도한다(최광현, 선우현, 2016).

동물, 사람인형과 퍼펫을 비롯한 그 외의 인형을 치료 도구로 사용하는 인형치료에서 은유를 결합한 문제 해결 인형치료가 '양 떼를 지켜라' 치료모델이다.

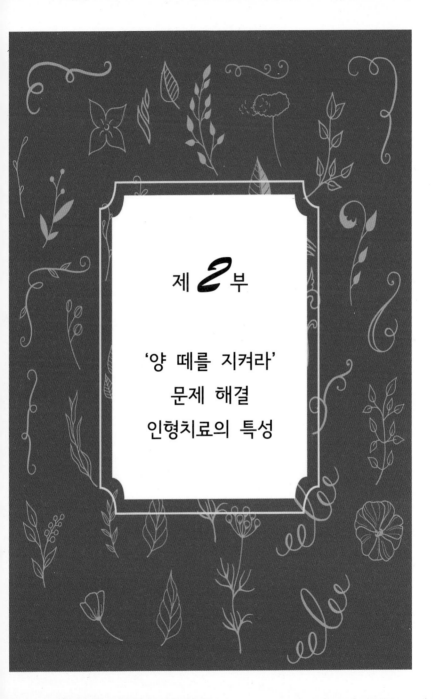

제 *2* 부

'양 떼를 지켜라'
문제 해결
인형치료의 특성

프로이트 이후 심리치료의 주요도구는 언어가 되었다. 언어는 개인의 의식을 외부세계로 전달하는 가장 주요한 소통의 도구이다. 하지만 종종 언어는 개인이 소통하고자 하는 생각과 감정, 느낌을 제대로 전달하지 못하는 경우가 많다. 특히, 임상 현장에서 내담자가 자신의 문제체계를 치료사에게 전달하는데 한계성이 존재한다. 즉, 문제체계를 언어로 표현하는 데 어려움이 있다. 언어적 소통의 과정이 너무 한쪽 방향으로만 치우치게 되는 경우 개인의 내면을 왜곡하여 해석할 수 있기도 하다. 내담자는 자신의 문제를 호소하지만, 자신의 문제체계를 어떻게 체계적으로 치료사에게 전달하는가의 문제가 늘 임상 현장에 존재한다. 언어를 주요 수단으로 하는 기존의 심리치료모델에 언어의 한계성을 보완해줄 수 있는 치료모델이 인형치료이다. 인형이라는 상징체계를 통해 내담자는 자신의 문제체계를 보다 효과적으로 전달할 수 있으며, 이러한 장점 덕분에 치료사는 내담자의 주요 호소와 문제체계를 손쉽게 이해할 수 있다.

'양 떼를 지켜라'는 인형과 은유를 통해 진행되는 문제 해결 인형치료모델이다. 본 모델은 개인상담 또는 집단상담에서 각각 사용할 수 있다.

인형과 은유의 결합을 통한 구조화된 질문에 대해 내담자는 여기서 자기의 생각과 감정, 느낌을 표현하게 된다. 양 떼의 이야기는 원형적 이야기에 속하여 있는 것으로 전 세계의 민담과 신화, 동화 속에 공통으로 존재한다. 폰 프란츠(2021)는 "우리는 원형적 이야기를 훨씬 더 잘 기억한다"라고 말한다. 폰 프란츠는 어느 젊은 교사의 실험을 소개한다. 교사는 학생들에게 두 가지 이야기를 들려주었는데, 그중에 한 이야기는 신화적 내용이 포함된 이야기였다. 사흘 뒤 학생들에게 이야기를 적어 내라고 하였고 아이들은 신화적 내용이 포함된 이야기를 훨씬 더 명확하게 기억하였다고 한다. 이러한 맥락에서 양 떼를 지켜라가 가진 원형적 이야기는 본 치료모델이 갖는 커다란 치료적 가능성이 된다.

원형적 스토리텔링을 포함하는 양 떼와 관련된 스토리는 내담자에게 자기표현의 기회를 제공할 수 있다. 개인적 위기와 문제를 가진 내담자는 자기의 개인적 문제와 이야기 속의 위기와 문제 사이에 동일시가 일어나게 되며 이러한 동일시의 과정은 내담자가 자기의 문제를 해결할 수 있는 내적 자원을 촉진할 수 있는 치료적 가능성을 제공하게 된다. 최근 가장 인기 있는 PC게임은 대부분 전략 게임들이라는 사실은 그만큼 전략 게임 방식에 많은 아동과 청소년, 성인이 익숙해 있다는 것을 보여준다. 전략 게임 방식을 응용한 인형치료 모델인 '양 떼를 지켜라'는 목표, 경쟁, 도전, 승패를 갖고 있다. 게임의 규칙을 통해 일정한 목표를 수행해야 하며 이 과정에서 경쟁, 도전과 협력을 수행하게 된다.

1. '양 떼를 지켜라'의 감정적, 사회적 특징

심층심리학에 의하면 삶이 건강하다는 것은 의식과 무의식이 잘 균형 잡혀 있어서 상호관계를 잘 유지하고 있다는 것을 말한다. 건강한 삶이란 꿈, 환상, 상상, 의례 등과 같은 상징을 통해 의식과 무의식의 세계가 서로 만나 끊임없이 에너지를 교류하면서 상호작용을 원활하게 하고 있을 때 가능하다. 그렇지 못하면 신경증을 비롯한 다양한 증상과 파편화된 느낌, 의미의 상실 등을 발생시킨다고 본다. '양 떼를 지켜라' 모델을 통해 개인은 외상적 감정을 의식 밖으로 끄집어낼 기회를 얻게 되며, 이를 통해 무의식과 의식을 소통하도록 하여 더욱 균형 잡힌 삶을 가능하게 한다. '양 떼를 지켜라'는 감정적 특성을 갖는다. 감정을 의미하는 용어에는 정동, 기분, 정서가 있다. 먼저, 정동(affect)은 자극에 대해 무의식적이며 생리적인 반응을 하는 것을 의미한다. 정동의 감정은 단지 일어날 뿐 반영적 평가를 포함하지 않는다. 반면에 정서와 기분이라는 감정은 정동과정이 의식화된 산물이다. 두 번째로, 기분(feeling)은 정동에 대한 신체적, 생리적 반응을 의미한다. 몸이 어질어질하다. 긴장되는 느낌 등과 같은 몸이 느끼는 경험이 포함된다. 신체와 연결해서 가라앉는 느낌, 모욕받은 느낌과 같은 신체와 연결된 의미가 느껴지는 감정이다. 세 번째로, 정서(emotion)는 의식의 기반으로 작용하며 의식 수준에서 통제가 가능한 영역이다. 정서는 기분 상태 및 행위 경향성이 촉발한 상황 및 자기가 결합될 때 생겨나는 경험을 의미한다. 정서는 분노, 슬픔, 우울 등 다양한 경험에 개인적 의미를 부여한다. 감정은 어떤 의미가 있을 때 나타나고 삶의 방식이나 행동 패턴에 상응할 때 생긴다. 이러한 감정들은 해석이 가능한 현상이다. 감정은 개인의 의도, 행위에 대한 정보를 알려주는 신호체계이다.

　관계에서 우리는 끊임없이 감정 상태를 통해 신호를 주고

받는다. 따라서 감정은 인격과 아주 밀접한 관계가 있다. 상대방의 감정표현을 통해 우리는 상대의 인격을 알 수 있다. 그 사람의 말이나 일정한 역할의 행동보다는 감정표현이 더 중요하다.

감정은 심리치료 현장에서 매우 중요한 치료적 주제가 된다. 오늘날 모든 치료모델에서는 감정이 중요한 치료적 대상이다. 인지적 접근에서는 인지의 변화를 통해 감정적 과정을 촉진하고자 하였고, 행동적 접근에서는 상상적 자극을 통해 두려움을 비롯한 부정적 감정을 환기했으며, 정신역동적 접근에서는 감정적 통찰을 강조하며, 체계적 접근에서는 의사소통을 촉진함으로써 감정을 서로 나누게 하는 것을 치료의 핵심으로 삼았다. 이론적 배경은 다르지만 각기 치료적 접근 방법들은 모두 감정이라는 주제를 주요 핵심으로 삼았다. 심층심리학에서 거인들이 갖는 상징체계의 의미는 극도로 강력한 정동을 나타낸다(Franz, 2020). 강력한 정동에 사로잡히는 순간 우둔하고 바보 같지만 엄청난 힘을 가진 통제할 수 없는 상태로 빠지게 되는 것을 나타내는 것이다. 개인이 자신 안에 있는 거인의 존재를 인식하게 되면 치료적 통찰이 이루어지게 된다. 내담자는 본 치료모델을 통해 정동에 사로

잡힌 거인의 모습을 직면할 수 있다.

내담자는 본 치료모델을 통해 좌절, 절망, 인내, 패배감, 자기 행동에 대한 제한 등을 받아들이게 된다. 치료모델 과정 안에서 내담자는 절망적인 임무를 수행해야 하며 무엇보다 혼자서 문제를 해결해야 한다. 사실 우리 대부분은 힘든 문제일수록 혼자 내려야 할 때가 많다. 내담자는 힘든 상황 앞에서 감정을 조절해야 하며 결과를 수용하는 자세를 가져야 한다. 내담자는 전략적 방식 안에서 즐거움, 패배감, 절망, 만족감 등 여러 가지 정서를 체험하면서 이러한 감정들을 상담사와의 상호작용과 피드백을 경험 할 수 있는 기회는 얻는다.

본 치료모델은 사회적 특성을 포함하고 있다. 인간은 사회적 존재(Homo Sociologicus) 이다. 인간은 태어나는 순간부터 다른 인간과 관계를 맺고 끊임없이 상호작용 속에서 살아가야 할 존재이다. 롤로 메이(2013)는 인간은 권력과 의미를 추구하는 존재라고 말한다. 유아가 배고픔을 해결하는 능력은 성인이 되면서 자존감과 한 사람으로서의 의미를 찾기 위해 살아가게 된다. 인간은 평생 권력과 무기력의 갈등 속에서 살아가게 된다고 말한다. 권력은 다른 사람에게 영향을 끼치거나 관계 안에서 의미 있다고 느끼기 위한 효과적인 방법을 의미한다. 롤로 메이(2013)는 권력의 욕구가 자존감을 위한 투쟁을 표현하는 것이라고 말한다. 무기력은 다른 사람에게 영향을 끼칠 수 없으며 자신이 가치가 없어졌다고 느끼게 되는 상태이다. 이런 무기력에 빠지면 자신이 하찮은 존재가 되었다고 느끼게 된다. 롤로 메이(2013)는 인간에게 가장 큰 고통은 다른 사람에게 영향을 미칠 수 있는 권력이 없는 무기력이라고 말한다. 내담자는 본 치료모델 속에서 인간이 평생 씨름해야 하는 권력과 무기력의 두 주제에 직면하게 된다. 무기력한 상황에 직면하는 순간 '시달리고, 괴롭힘당하며, 박해받는 느낌'에 노출되게 된다. 내담자는 무기력한 상황 속에서 구성원 간에 적절한 상호작용을 경험하게 되며 문제를 해결하는 과정에서 협력과 타협, 새로운 규칙의 제안을 경험하게 된다. 내담자는 전략적 방식이 갖는 복잡성 안에서 문제를 해결하기 위해 협력하여 문제를 풀어가는 사회적 과정을 경험할 수 있다.

2. '양 떼를 지켜라'의 치료적 특징

본 모델의 활용은 '라포', '진단', '함께 놀아주기', '문제 해결을 위한 치료 개입' 등 네 가지로 구성된다.

원형적 이야기를 담고 있는 '양 떼를 지켜라'는 내담자의 갈등과 위기를 표현하고 해소할 수 있는 은유적 치료 과정을 제공할 수 있다. 내담자는 치료 과정 안에서 즐거움을 느끼고 적극적으로 참여하게 되며, 이것은 상담사에게 내담자를 진단할 가능성을 제공한다. 또한, 내담자는 치료 과정 안에서 의사소통과 통찰을 위한 능력이 강화되며 이것들은 문제 해결 능력을 향상할 수 있다.

1) 내담자와의 라포

'양 떼를 지켜라'는 전략적 방식으로 내담자와 충분히 라포가 이루어지지 않은 내담자이거나 비자발적 태도를 보이는 내담자에게도 유용하게 사용할 수 있다. 내담자는 치료모델이 제공하는 세계 안에 몰입하면서 자발적으로 참여를 할수 있다. 본 치료모델은 긴장과 갈등 그리고 절망적 상황에 내담자가 노출되면 긴장과 흥분을 일으키게 되고 이것은 치료모델에 참여한 내담자에게 흥미를 유발할 수 있다. 내담자는 구조화된 치료모델 속에서 치료사의 질문에 대답하면서 치료적 게임을 함께 하는 경험을 갖는다. 게임 속에서 자연스럽게 자신의 내면세계를 외부세계로 표현하는 과정에서 치료사와의 라포가 더욱 촉진될 가능성이 있다.

2) 진단적 기능

'양 떼를 지켜라' 치료모델은 내담자의 심리적 상태와 특성을 평가하고, 심리적 어려움을 진단하기 위해 유용한 도구가 될 수 있다. 프로이트와 칼 융의 그림에 관한 관심을 배경으로 성장한 대표적인 투사적 도구인 집-나무-사람 그림검사(HTP)은 그림이 갖는 솔직함이 진단도구로서 유용하게 사용되었다. 그림 속에서 그동안 억압하였던 무의식적 내용을 표현할 수 있다. 언어로 진행했을 때 비해 저항과 방어는 상대적으로 줄어들고 내담자의 태도, 소망, 생각, 관심 등 다양한 이미지를 적극적으로 표현할 수 있는 장점이 있다. 그러나 상담사가 파악할 수 있는 진단의 내용은 제한된 내용일 수밖에 없다. 진단 할 수 있는 범위가 집-나무-사람이 갖는 상징체계의 범위를 넘을 수 없기 때문이다.

'양 떼를 지켜라' 치료모델은 투사적 검사 방법들과는 달리 언어를 통한 진단의 도구가 될 수 있다. 내담자의 심리상태를 진단하고 평가하기 위해 동물인형과 원형적 내용을 포함하는 양 떼의 은유를 사용하여 평가를 수행할 수 있다. 구조화된 전략적 방식 속에서 내담자는 상담사에게 자기의 문제 해결 전략을 설명한다. 이것은 내담자에 대한 다양한 측면을 진단할 수 있게 한다. 특히 내담자의 인성 구조, 방어기제와 방어적 증세를 탐색하는 데 유용하다. 치료 과정에서 자기 자신과 타인과의 관계성, 신뢰성, 자존감, 위기에 대한 대응 능력, 사회적 기술, 창조성, 순발력, 패배와 절망 앞에서 발휘되는 회복 탄력성 등 내담자에 대한 다양한 측면에서 진단을 할 수 있다. 양 떼를 지켜라 치료모델은 내담자의 심리상태와 심리적 어려움에 대해 진단을 할 수 있으며, 또한, 행동관찰이 주요 평가 영역이다. 내담자가 본 치료모델 속에서 자발적이고 비방어적으로 자신의 문제체계에 대해 표현할 수 있고 이러한 과정에서 일정한 행동관찰이 가능하며 상담사는 이러한 내용을 평가로 활용할 수 있다.

본 치료모델에서 병리적 진단을 가진 내담자들의 대부분은 게임 안에서 의무와 책임에 소홀히 하며 자신의 생존과 안전에 초점을 맞추며 타인을 공감하거나 이해하지 못하고 타인의 잘못에 대해 이해와 관용적 자세를 갖지 않고 공격적인 모습을 나타낸다. 게임 속에서 요구되는 의무와 책임과 안전과 생존의 욕구를 통합하지 못하는 특성이 반영되고 있기 때문이다. 이러한 특성은 오커너(O'Conner, 1991)의 진단을 통해 분명히 설명될 수 있다.

오커너(O'Conner, 1991)의 치료에서의 내담 아동이 보이는 게임 형태에 관한 개념을 적용하면 다음과 같은 특징을 진단 할 수 있다. '양 떼를 지켜라' 치료모델에서 내담자가 강박적이고 충동적이고 비이성적으로 진행을 하면 정서적으로 결핍된 놀이로 해석될 수 있다. 치료모델의 작은 부분이나 규칙에 지나치게 얽매이고 전체를 보지 못해 치료모델에 적절하게 참여하지 못하는 내담자는 강압적이고 강박적 증세가 있는 놀이로 보여질 수 있다. 치료모델 중 사소한 실패에 의기소침하여 흥분하거나 격분하면서 과잉반응을 보이거나 전투에 과도한 에너지를 쏟고 지나치게 승리에 집착하는 내담자는 경계선 지적 기능의 놀이로 보일 수 있다. 치료모델에서 좌절과 실패에 직면하자마자 곧바로 자아 통제력을 상실하는 경우는 반사회적 성향이나 품행장애적 성향의 놀이로 해석이 가능할 수 있다.

(1) 행동관찰 평가

본 치료모델을 진행하는 과정에서 내담자에 대한 행동관찰을 평가할 수 있다. 행동관찰은 3가지 형태로, 먼저, 과제에 대한 자세, 두 번째, 집중력과 판단력, 세 번째, 정서적, 사회적 측면 등이 있다. 3가지의 형태에 관한 질문은 5점의 점수로 긍정적 내용과 부정적 내용을 평가한다. 과제에 대한 자세에는 비조직적 vs 체계적인, 충동적인 vs 신중한, 중단하기에 급한 vs 계속하는, 융통성이 있는 vs 경직된 등이 있다. 집중력과 판단력에는 불분명한 vs 명료한, 주의가 분산되는 vs 주의를 기울이는, 저조하거나 과도한 활동 vs 연령에 적절한 활동, 비현실적인 vs 현실적인 등이 있다. 정서적, 사회적 측면은 반항적인 vs 협조적인, 자신감이 있는 vs 자신감이 없는, 불안한, 긴장된 vs 여유 있고 편안한, 쉽게 좌절하는 vs 좌절을 인내하는 등이 있다(정은정, 2004). 내담자가 치료모델에서 보이는 행동관찰을 위의 내용을 근거로 평가할 수 있으며 점수가 낮을수록 회복탄력성(resilience)이 부족하고 위기의 문제 앞에 문제 해결 능력이 부족함을 나타낸다.

<행동관찰 평가척도>

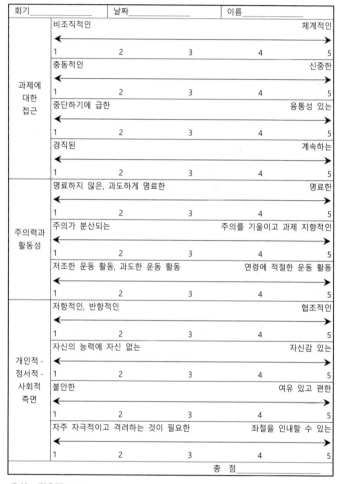

회기	날짜	이름

과제에 대한 접근

비조직적인   체계적인
1   2   3   4   5

충동적인   신중한
1   2   3   4   5

중단하기에 급한   융통성 있는
1   2   3   4   5

경직된   계속하는
1   2   3   4   5

주의력과 활동성

명료하지 않은, 과도하게 명료한   명료한
1   2   3   4   5

주의가 분산되는   주의를 기울이고 과제 지향적인
1   2   3   4   5

저조한 운동 활동, 과도한 운동 활동   연령에 적절한 운동 활동
1   2   3   4   5

개인적 - 정서적 - 사회적 측면

저항적인, 반항적인   협조적인
1   2   3   4   5

자신의 능력에 자신 없는   자신감 있는
1   2   3   4   5

불안한   여유 있고 편한
1   2   3   4   5

자주 자극적이고 격려하는 것이 필요한   좌절을 인내할 수 있는
1   2   3   4   5

총 점 _____

출처 : 정은정(2004).

(2) 정서적 평가

'양 떼를 지켜라' 치료모델을 통해 내담자의 정서적 측면을 평가할 수 있다. 본 치료모델에서 나타낸 정서적 상태는 치료모델에 참여하는 과정에서만 나타나는 것이 아니다. 위기의 상황에 부닥친 내담자의 정서 상태를 치료모델을 통해서 엿볼 수 있다. 정서적 평가는 점수가 높게 나타날수록 긍정적 정서가 높은 것이며, 점수가 낮게 나타날수록 부정적 정서가 높게 나타난 것이다. 정서적 평가척도는 1점 정말 그렇지 않다, 2점 그렇지 않다, 3점 모르겠다, 4점 그렇다, 5점 정말 그렇다로, 13개의 문항을 합한 점수로 정서의 상태와 변화를 이해할 수 있다.

<문제 해결을 위한 정서적 평가 척도>

	내 용	척 도				
		1	2	3	4	5
1	내담자가 게임을 할 때 실수할까 봐 잘 나서지 않는다.					
2	내담자가 게임을 하고 난 후 기분의 변화가 보인다.					
3	내담자가 게임에서 실패했을 때 잘 받아들인다.					
4	내담자는 게임을 시작하기 바로 전에 실패할까 봐 긴장한다.					
5	내담자는 게임을 할 때 적극적인 모습이었다.					
6	내담자는 게임을 하는 동안 무척 지루해했다.					
7	게임을 하는 동안 할 일 없이 우두커니 앉아 있는 편이었다.					
8	내담자는 예상치 않은 질문이나 대응을 해야 할 때 당황하였다.					
9	내담자는 평소에 별로 게임하는 것에 관심이 없다고 생각하면서 잘하지 못할까 봐 걱정했다.					
10	게임을 할 동안 내담자는 종종 적극적으로 사용할 수 있는 모든 자원을 총동원해서 대응하였다.					
11	게임에서 힘든 상황에 부닥쳤을 때도 긍정적이었다.					
12	내담자는 게임에 흥미를 보였다.					
13	내담자는 유사한 게임을 다시 하고 싶어 하였다.					

역 채점 : 1. 4. 6. 7. 8. 9.

3) 함께 놀아줌을 통한 의사소통의 촉진

'양 떼를 지켜라'가 가진 전략적 방식은 의사소통을 촉진할 수 있다. 본 치료모델은 구조화된 은유를 기반으로 진행되는데 이 과정에서 내담자에게 자기표현과 의사소통 능력을 촉진할 수 있다. 내담자의 감정, 생각, 태도, 사고를 게임을 통해 드러내면서 자기 노출에 대한 불안을 피할 수 있다. 은유를 통해 전략적 게임의 방식으로 진행되는 본 치료모델은 내담자와 함께 상호작용 놀이를 할 수 있다. 치료모델의 규칙에 대한 자연스러운 논의는 진행을 위해 필수이며 이 과정에서 상담사와 내담자 사이에서 의사소통이 활성화된다. 치료모델 자체가 내담자에게는 자기 삶의 위기와 문제를 비춰보고, 여기에 대한 감정과 생각 등을 간접적으로 표현할 수 있다. 내담자는 일상 속에서 금지되거나 억압되어 있던 내용물들을 방어하지 않고 자연스럽게 표현할 수 있다. 내담자는 치료모델 속에서 평상시에는 표출할 수 없던 분노, 적의, 복수심, 갈등, 질투, 혼란 등을 배출하면서 카타르시스를 경험할 수 있다. 치료모델 속에서 내담자는 자신에게 중요한 감정과 생각을 전략적 방식 속에서 간접적으로 표현하게 되면서 현실 속에서 이러한 감정을 배출할 때 느끼는 수치심과 죄책감으로부터 안전하게 보호받을 수 있다.

4) 대극의 통합

우리 인생에 찾아온 위기는 강한 대극을 만들어낸다. 내담자가 겪고 있는 문제는 내담자에게 정서적, 행동적, 경제적, 관계적 측면에서 고통을 가져다준다. 생존과 안정과 자존감의 욕구는 이러한 문제로 인해 손상을 입히고 내담자에게 혼란과 불안, 두려움을 발생시킨다. 내담자가 위기로 벗어나는 과정은 극심한 대극을 유발했던 요소를 완화해야 한다. 이것을 위해서는 내담자 자신이 문제체계로 더 벌어진 대극을 통합해야 한다.

본 치료모델의 구조를 이루는 의무와 책임 vs 생존과 안전의 요소는 서로 대극적인 요소들이다. 내담자는 서로 대극적인 두 차원을 통합하고 융합해야 할 과제가 존재한다. 게임을 수행하면서 내담자는 계속해서 의무와 책임 vs 생존과 안전의 요소에 직면하게 되며 이것은 치료적 과정의 전제가 된다. 내담자가 지나치게 의무와 책임의 요소에 치우치면 대극의 균형은 깨어지고 문제 해결의 가능성으로부터 멀어진다. 반면에 생존과 안전의 요소로 지나치게 치우치면 대극의 균형은 깨어지고 마찬가지로 문제 해결 가능성은 제한된다. 내담자가 게임 속에서 얼마나 두 대극적인 요소들과 균형을 이루는지는 내담자가 그만큼 문제 해결의 자원을 높게 갖고 있다고 평가할 수 있다. 상담사는 대극적인 요소를 통해 내담자의 문제 해결 능력을 평가하고 이것을 촉진 시키는 작업을 목적으로 한다.

상반된 대극적인 요소를 결합하려는 연금술사의 작업은 역시 심리치료에도 동일하게 적용된다. 연금술사는 상반된 물질에 대해 화학적인 결합을 시도하였다면 심리치료는 내담자의 대극적인 요소의 융합을 시도한다. 내담자가 어느 한쪽으로 지나치게 치우치지 않도록 경계하고 자아의 통합을 이루도록 돕는다.

<문제 해결능력 척도>

문제 해결능력	의무·책임				생존·안전
	1	2	3	4	5
				총점:	

문제 해결 능력 척도는 가장 평균적 점수인 3점을 중심으로 점수가 나온 경우는 기능적으로 문제 해결 능력이 작동되고 있다고 볼 수 있다. 반면에 너무 양극단의 점수인 1점, 5점인 경우는 역기능적으로 작동되고 있다고 추정할 수 있다. 예를 들어, 1점의 점수가 나온 내담자는 사회적 민감성이 높으며, 자기 자신만을 괴롭히는 신경증적인 성향이 나타난 것이며, 5점의 경우는 위험회피가 높고, 자기를 제외한 타인을 괴롭히는 성격장애적인 성향을 나타내고 있다고 추정할 수 있다.

5) 문제 해결 능력의 촉진

내담자는 상담사가 제시하는 치료모델 조건 속에서 전략을 구사하며 주어진 과제를 수행해야 하는데, 이 과정에서 내담자는 이야기라는 은유를 통해 자기의 좌절된 욕구, 감정, 실패와 좌절감, 혼란스러움 등을 언어적 진술을 통해 표현할 수 있다.

'양 떼를 지켜라' 치료모델은 제약 없이 무한한 상상력을 펼치게 하지 않는다. 그 대신 규칙을 통해 조건이 제시된다. 내담자는 규칙을 통해 현실 세계 속에서의 자신을 둘러싼 제약과 한계를 간접적으로 재경험하며, 치료 과정의 몰두 속에서 현실적인 목표를 간접적으로 다룰 수 있다. 치료모델을 계속해서 진행하기 위해서는 게임의 규칙이 제공하는 다양한 위기에 노출되고 주어진 과제를 수행해야 한다. 이러한 과정을 통해 내담자는 자기의 현실에 놓인 문제와 위기를 회피, 거부 또는 왜곡하려는 경향에서 벗어나 현실의 문제와 위기에 집중하도록 돕는다. 언제나 게임은 현실을 반영하고 있기에 내담자에게 현실에서 비슷한 문제를 해결할 수 있는 치료적 가능성을 제공한다. 내담자는 치료모델을 통해 문제 해결 능력을 강화하고 또래들과 긍정적 상호작용을 할 수 있는 기회를 얻는다. 이러한 문제 해결 능력 과정에는 문제 해결을 위해 필요한 인지적 및 행동적 과정이 요구되기 때문에 인지 행동적 요소가 활용될 수 있다. 인지적 요소는 양 떼를 지켜라 문제 해결 인형치료모델이 가진 주요 구성 요소이다.

'양 떼를 지켜라' 문제 해결 인형치료모델은 개인상담 또는 집단상담의 임상 현장에서 사용하기 위한 치료적 개입 모델이다. 삶의 위기와 문제에 직면한 내담자를 돕고 그의 문제 해결 능력을 촉진하는 것이 중요한 목적이다. 비고츠키

(Vygotsky, 1978)는 실제적인 문제 해결을 위한 능력은 일상생활의 문제점, 어려움을 다루는 과정에서 이루어진다고 말한다. 본 치료모델은 인형과 원형적 이야기인 양 떼의 은유를 활용하여 내담자가 일상생활에서 부딪치는 실제적인 문제를 해결하도록 한다. 치료모델 안에서 내담자는 협력의 의미를 재발견하고, 상담사와의 상호작용을 통해 직면한 문제에 대해 통찰을 얻도록 할 수 있다. 이러한 통찰은 자기의 문제를 해결할 수 있는 전략을 배울 수 있게 하며 인지 행동적 전략을 통해 내담자에게 구체적인 변화를 이끌 수 있다.

사회심리학의 선구자인 쿠르트 레빈(Lewin, 2016))은 "사람들이 어떤 행동을 하는 이유를 이해하려면 그들의 눈을 통해 세상을 바라보고 그들이 어떻게 상황을 파악하는지 살펴봐야 한다"고 하였다. '양 떼를 지켜라 치료모델'은 내담자가 어떻게 세상을 바라보며, 위기 상황 속에서 어떤 관점이 작동하는지를 살펴볼 수 있다. 본 치료모델을 통해 레빈이 말하는 사람들의 눈을 파악할 수 있게 된다. 1세기의 철학자였던 에픽테토스(Epictetos)는 우리를 혼란시키는 것은 사실이 아니라 사실에 대해서 우리가 품고 있는 견해라고 말하였다. 우리는 사실을 있는 그대로 보지 않고 일정한 관점을 가지고 본다. 화가가 어떤 사물을 표현할 때 그냥 표현하는 게 아니라 전경의 소실점을 찍고 그것을 향해서 배치하듯이 우리도 어떤 사건과 어떤 현상을 볼 때 견해나 관점을 가지고 바라본다. 그리고 그 관점을 바로 '프레임'이라고 말할 수 있다. 문제에 처한 내담자가 문제에서 벗어나기 위해서는 문제를 바라보는 새로운 관점, 새로운 프레임이 필요하다. 새롭게 프레임을 다시 짠다는 것은 어떤 상황에 개념적이고 혹은 정서적인 맥락이나 상황이 체험되는 관점을 다른 틀 안에 일치시켜서 맥락이나 관점을 변경시키는 것을 말한다. 이 새로운 프레임은 주어진 구체적인 상황에 사실들을 똑같이 혹은 그보다 더 잘 부합하게 하여 결과적으로 상황의 의미를 완전히 변하게 한다.

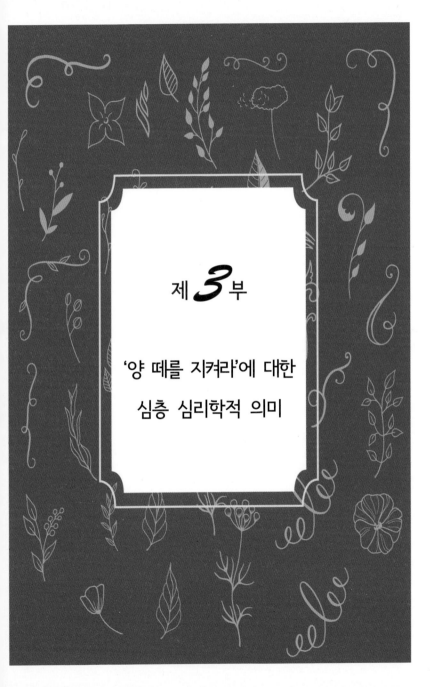

제 *3* 부

'양 떼를 지켜라'에 대한

심층 심리학적 의미

1. 인형치료에서의 동물상징체계

인간에게는 무수히 많은 상징체계가 존재한다. 특히 고대로부터 자연물을 통한 상징체계는 인간의 역사와 함께해 왔다. 야페(Jaffe)는 「인간과 상징」에서 인간은 상징을 만드는 경향을 갖고 있으며 무의식적으로 물건이나 형태를 상징으로 만들거나 미술로 표현한다고 말한다(Jung, 1996). 인간은 상징을 통해 심리적으로 중요한 의미를 부여하는 것이다. 야페는(Jaffe) 예술이 가지는 상징성과 그러한 상징성의 특성을 나타내기 위해 모든 시대를 통해 반복적으로 나타나는 세 가지 모티브가 있다고 말한다(Jung, 1996). 그것은 돌, 동물, 원이라고 말한다. 이 세 가지의 모티브는 인간이 의식을 상징으로 표현하던 먼 시대부터 극도로 세련된 현대에 이르기까지 심리적으로 중요한 의미를 지닌다는 것이다(최광현, 선우현, 2016).

인형치료는 이러한 세 가지 중에서 동물 상징성을 중요한 도구로 활용한다. 집단 무의식은 원형의 세계를 포함하는데 원형은 우리 안에 이미 존재하고 있다. 원형은 신화와 민담을 통해 전달되는데, 신화는 원형의 마치 옷과 같은 것이다

(Sandford, 2010). 폰 프란츠(Franz, 2007)는 동물은 원형적인 힘을 부여받는다고 말한다. 원형적인 힘을 부여받은 동물은 집단 무의식 안에서 수없는 시간을 통해 그 의미체계가 저장되어왔다. 특정 동물에 대해 느끼는 느낌과 감정, 인상은 우리의 개별적인 주관적 경험을 통해 얻게 되는 것이 아니라, 이미 우리 안에 존재하는 상징적 의미에 의해 영향을 받은 것이다. 물론 주관적 경험이 동물의 상징에 영향을 주지만, 그것이 대부분을 차지하지 못한다. 동물상징은 우리의 원시 조상으로부터 지금까지 공유되는 집단 무의식의 중요한 부분으로 원형의 힘을 부여받은 상징체계이기 때문이다.

1) 동물상징체계의 배경

인간은 무수한 동식물과 함께 살아왔고 동물과 인간의 주거공간이 엄격하게 분리된 것은 사실 오래되지 않았다. 한국의 전통 집에는 소중한 재산 1호였던 소 외양간은 아궁이가 있는 부엌에 있었고, 돼지우리는 뒷간에 있었다. 가축화된 동물인 닭과 개, 고양이가 주거공간에 머물렀고 그 외에도 놀랍게도 집에는 뱀과 같은 야생동물이 거주하며 소중하게 다루어졌다. 인간의 거주공간에 거주가 허락된 뱀은 구렁이로, 이 뱀은 일반 뱀보다 크고 신성시됐던 동물로 집안의 가운을 나타내는 동물로 알려져 있다. 과거 민속신앙에서 구렁이는 가정의 수호신으로서, 업신앙의 대상이 되었다. 업의 정체는 대개 구렁이로 나타나는데 집안의 가운을 나타내는 동물로 신성시되었다. 오천 년의 역사 속에서 한반도의 종교로 살아남은 샤머니즘에서 샤먼은 사냥꾼인 인간과 동물 사이를 매개해주는 중간적 존재로 인식되었다. 고대인들은 자신의 영혼과 숲의 영혼을 동시에 가지고 있다고 생각했다. 숲의 영혼은 야생동물이나 나무의 모양을 하고 나타난다고 믿었는데, 고대인들은 그것과 심리적 동일성을 가졌다. 이러한 동일성은 고대인들이 자연의 초월적인 개념이나 법칙에 접했을 때 자연 그대로 나타나는 현상을 보는 것이 아니라, 더 우월하게 생각되는 그 무엇에 대한 관념을 상상하기 때문에 나타난 것이다. 그 관념은 성스러움으로 표현되고 성스러움은 곧 자연과 인간, 양자의 근원적인 관계에 대한 암시로 구현된다(최광현, 선우현, 2016). 인간이나 자연은 이 관계를 벗어나서는 자신의 존재를 가질 수 없으며, 양자가 서로 분리된다는 것은 생명의 상실됨을 의미하는 것이다. 이러한 분리 속에서 자연을 영위할 수는 있으나 가질 수는 없는 무한한 것이라 인식되었고, 이해할 수 없는 초자연적인 세계를 붙잡아 내는 역할을 하는 것이 상징인 것이다.

심층심리학에서 동물은 인간의 원시적이고 본능적인 성질을 상징한다(Jung, 1996). 문명인이라고 하더라도 무의식에서 나오는 자율적인(autonomous) 정서인 본능적 욕구에 굴복할 수밖에 없다. 따라서 인간의 내면에 존재하는 동물적 본능은 그 존재의 주인이 그것을 인식하고 자기의 삶 속으로 통합시키지 않는다면 대단히 위험한 존재로 변용될 수 있다. 따라서 야페(Jaffe)는 심층심리학은 우리의 동물적 본성을 해결하도록 돕는 것이라고 말하였다(Jung, 1996). 동물과는 달리 인간은 자신의 의지로 내면에서 올라오는 동물적 본능을 통제할 수 있는 유일한 존재이다. 그래서 동시에 본능을 지나치게 억제하고 왜곡하여 본능의 욕구에 상처를 입히기도 한다. 은유적으로 표현하면, 동물이란 상처를 입으면 야만적이고, 따라서 대단히 위험한 존재로 돌변한다. 그러므로 억압 당한 본능은 인간을 해칠 수도 있고 때로는 인간을 파멸시킬 수도 있는 것이다. 이처럼 동물상징은 내면에서 분출하듯이 올라오는 본능을 얼마나 적절하게 통제하여 인간의 삶에 통합시키는 것이 중요한지를 보여준다(Jung. 1996).

2) 동물상징체계와 프랙털(fractal) 이론

위에서 살펴본 것처럼 동물상징에 대한 이론적 접근은 집단 무의식의 개념을 기반을 두고 설명할 수 있으며 이와 동시에 물리학의 프랙털(fractal) 이론을 통해서도 가능하다.

인류의 역사와 함께 동물상징체계는 주술적, 예술적, 심리적 도구로 사용됐다. 우리 인간이 특정 동물에 대해 가진 생각이 큰 틀에서 차이가 나지 않는다는 사실은 놀라운 현상이다. 칼 융은 뱀에는 수천 가지의 상징적 의미가 있다고 말한다. 그것은 단지 개인의 주관적 경험에서 만들어진 것이 아니라 원시시대로부터 내려오는 일정한 의미체계가 있다고 인식하였다(Jung, 1996). 뱀은 인간이 아닌 다른 무언가의 존재에 대해 품은 두려움을 상징하면서 동시에 인간에 숭고한 경외심을 불러일으키는 상징으로 인식되었다. 이러한 상징적 특성은 개인적 경험에서 오는 것이 아닌 인류가 공통으로 가진 무언의 지식에 속하는 것이다. 켈러트(Kellert, 1995)는 동물상징에 대해 인간이 공통으로 가진 부분에 대해 프랙털 이론을 통해 설명한다. 프랙털 이론에 따르면 모든 물체는 기본 테마를 기초로 다양한 변화와 크기로 일어난다고 본다. 프랙털은 수학자 베노이트 만델브로트(Benoit

Mandelbrot)가 고안한 용어로서 대상을 '잘게 쪼갠다'라는 의미를 지니고 있으며 쪼갠 대상들이 다시 원래 체계의 원형을 유지하면서 더 작은 규모로 쪼개지게 된다는 역동성을 가리킨다. 규모는 다르지만 쪼개진 하부단위체에서 다시 유사한 모습들이 반복되어 나타나는 것은 우리가 알지 못하는 어떤 '질서'가 담겨있다는 것을 나타낸다. 이러한 질서는 '자기유사성(Self-similarity)'으로 부르는 것으로 기본 패턴은 서로 닮았지만 정확히 같은 형태는 아니며 크기와 모양이 다양하다. 이 질서는 같은 방식으로 계속 유지되는 원리를 갖고 있다(최광현, 선우현, 2016).

이러한 프랙털이 적용된 예는 자연에서도 쉽게 찾아볼 수 있다. 예를 들어 나뭇잎 하나는 나무와 다른 개별적이기보다 나무와 같은 질서와 조직을 하고 있다. 같은 나무의 줄기에서 보이는 수많은 결 무늬, 나뭇잎들은 나무와는 다르게 보이지만 같은 질서를 가지고 있다고 설명할 수 있다(최광현, 선우현, 2016). 또 다른 예로는 해안선을 보면 전체적인 모습과 일부의 모습이 일치한다는 것을 알 수 있다. 불규칙한 파도에 의한 침식, 바람에 의한 풍화, 그리고 퇴적 작용으로 생성된 해안선은 매우 복잡하고 불규칙적으로 보이지만 놀랍게도 여기에 일정한 패턴이 존재하며 부분과 전체의 유사성이 발견된다. 또한 강물의 지류에도 프랙털이 적용되며, 전체와 부분의 유사성을 발견할 수 있다. 원래의 강에서 갈라져 나온 강과 거기에서 갈라져 나온 또 다른 강이 세분화 되면서 강물과 하천, 시냇물에도 유사성이 발견된다. 불규칙적으로 보이지만 규칙적인 것과 복잡하지만 일정한 패턴이 있는 것, 그리고 이러한 패턴이 끊임없이 반복되는 것, 전체와 부분이 일치하는 것이 프랙털의 특성이다. 프랙털 법칙에 따르면 동물상징체계도 일정하게 공유될 수 있는 '자기유사성'이 존재한다(최광현, 선우현, 2016). 살펴보았듯이 우리 인간이 동물상징에서 느끼는 일정한 유사성은 심층심리학의 집단 무의식과 물리학의 프랙털 이론 등에서 그 이론적 기반을 발견할 수 있다.

2. '양 떼를 지켜라'의 심층 심리학적 의미체계

양 떼와 관련된 이야기는 전 세계에 넓게 퍼져있으며 이와 관련된 이야기들은 이솝 우화의 거짓말쟁이 양치기에서부터 최근 다양한 양치기 개가 주인공으로 등장하는 동화집에도 존재한다. 칼 융은 우리에게는 집단 무의식에 속한 신화와 민담이 존재하며 이것들은 시대와 민족을 초월해서 반복적으로 나타난다고 하였다. 양 떼 이야기에 등장하는 양치기, 양치기 개, 늑대의 소재는 수없이 다양한 변형을 통해 재생산되고 있다. 양치기나 양치기 개가 주인공이 되거나 늑대가 주인공이기도 하다. 원형적 이야기에 속하는 양 떼를 지켜라는 마치 네버엔딩스토리처럼 끊임없이 다양한 이야기를 만들어 낼 수 있는 이야기의 원천이다. '양 떼를 지켜라' 문제 해결 인형치료는 각 개인이 이 원형을 어떻게 다룰 수 있는지, 어떻게 원형과 교류할 수 있는지를 살펴볼 수 있다. 양 떼를 지켜라의 이야기 속에서 내담자는 자기에게 주어진 삶의 책임과 의무, 윤리와 도덕성, 실망과 절망, 위기에 대한 대응 방식, 문제 해결 능력의 강화 등 다양한 치료적 가능성을 제공 받을 수 있다.

1) 양

양은 동양에서 12간지에 등장하는 대표적인 동물상징이다. 양은 인간이 가축화시킨 대표적인 동물로 유목 사회에서 양은 의식주 전체를 해결해주는 중요한 동물이다(나경수, 2013). 다른 가축 중에서 의식주의 전체를 해결하는 양만큼 그 활용도가 높은 동물을 찾기 어렵다. 오늘날 양은 여전히 전 세계에서 의복과 고기, 모피를 위한 가치 있는 중요한 축산동물로 여겨지고 있다. 양은 의식주의 문제만을 위해 사용하지 않고 동서양 종교적 제의에서 대표적인 희생제물로 사용되었다. 이러한 양은 동서양을 통해 순수, 순결, 평화를 의미하는 상징체계가 되었다.

동양에서처럼 그리스와 로마 신화 속에서도 양은 순결과 순수를 상징한다. 순결은 더럽혀지거나 추해짐의 대극으로, 극과 극은 서로 잡아당기게 마련이다. 양의 흰색 때문에 양처럼 우유도 순결과 순수의 상징이며 그만큼 쉽게 오염될 수 있다고 믿게 되었다(Franz, 2017). 따라서 양은 어떤 동물들보다 쉽게 악의 세력에 영향을 받고 공격 당하는 대상으로 나타난다. 어느 동물보다도 쉽게 양은 마법에 걸리고 적의의 시선을 통해 죽을 수 있다고 믿게 되었다. 이러한 양의 특성은 무리를 짓는 특성에서 더욱 분명해진다.

그리스어에서 양은 '전진하다'라는 의미를 갖는 프로바톤($\pi\rho\dot{o}\beta\alpha\tau o\nu$)이다. 그리스인들은 양을 의미하는 말을 '전진한다'는 무리의 특징을 통해 표현하였다. 한자에서 무리를 뜻하는 군(群)은 군자를 뜻하는 군(君)과 양(羊)이 모여 만들어졌다. 이것은 무리를 지어 조화롭게 잘 지내는 양의 긍정적인 품성을 반영하고 있다. 무리를 이루게 되면 여러 개성이 이합집산을 이루기 때문에 항상 긴장과 갈등이 발생할 가능성이 크지만 그만큼 양은 무리생활에 잘 적응하는 동물임을 보여주고 있다. 폰 프란츠(Franz, 2017)는 양의 무리를 짓는 습성에는 우두머리 양이 어디로 가든 언제나 맹목적으로 따라가야 하는 양의 부정적 특성이 예시된다고 말한다. 종종 유럽에서 우두머리 양이 늑대나 개에게 쫓기다 절벽에서 뛰어내리면 뒤따르던 몇백 마리의 양들이 차례로 같이 뛰어내리곤 한다. 양 떼의 이러한 무리의 특성은 북극산 쥐의 일종인 레밍 무리에게서 똑같이 볼 수 있다. 대표적인 군집 동물인 양은 일방적으로 전염되고 확산하는 군중심리를 보여주며, 이것은 우리가 가진 군중으로서의 인간의 특성을 보여주기도 한다.

2) 개

개는 인간이 만져주고 다정다감하게 해주길 바라는 동물

이며 인간에게 매우 복종적이며 충성스러운 존재이다. 모든 동물 가운데 개는 가장 완벽하게 인간에게 적응하여 인간의 감정 상태와 기분에 반응한다. 개는 인간의 행동을 모방하고 인간이 그들에게 무엇을 기대하는지를 이해 한다. 노벨상 수상자로 비교행동학의 창시자로 동물학의 세계적 권위자인 콘라드 로렌츠(Rorenz, 2003)는 자기 집에서 키우던 양치기 개 '티토'에 대해 설명한다. 티토는 누가 자신에 대해 호의적이거나 적의가 있는지를 금방 알아차렸다. 가벼운 감기에 걸리거나 편두통을 앓고 있을 때도 주인의 몸 상태를 금방 알아차리고 자기가 염려하고 걱정한다는 것을 표시하였다고 한다. 놀라운 것은 순전히 정신적인 원인에서의 우울증 상태에 대해서도 마찬가지였다고 한다. 로렌츠는 사람을 고도로 깊이 이해하는 능력이 개에게 있으며 이 중에서도 양치기 개의 품종들이 '가장 영리한 개'에 속한다고 말한다. 주인과 내적으로 밀접한 관계에 있는 양치기 개는 완전히 주인이 하는 한 문장을 이해하는 수준까지 단어가 확장되어 있다고 한다. 양치기 개는 뛰어난 감각과 본능과 더불어 주인과 깊은 유대관계를 통해 인간의 유목 생활 속에서 인간의 개는 양을 보호해주는 동물이며 늑대는 양을 해치는 동물이다. 개는 양에게 수호자이면서 인도자가 되었다.

개는 원시시대 사냥을 돕고 적을 경계해주던 동반자였다. 이러한 개의 의미는 치유의 신 아스클레피우스 신화 속에 있다. 그리스 로마에서 아스클레피우스는 가장 유명한 의사요 치유의 신이다. 아스클레피우스를 상징하는 대표적인 것이 뱀이다. 그리스 로마 세계에서 환자가 꿈에서 뱀을 보는 것은 사실상 치유의 신 자체를 본 것으로 간주 되었다. 뱀이 아스클레피우스를 나타내는 상징체계가 되었으며 아스클레피우스의 지팡이인 뱀이 감긴 지팡이는 오늘날 의료업의 상징이 되었다. 아스클레피우스의 상징은 뱀만이 아닌 개로도 표현되었다. 인간이 전혀 감지 못하는 것들을 감지하는 개는 신화 속에서 인도자(guide)로서 나타나는데 이것은 개가 뛰어난 감각과 본능을 가졌기 때문이다. 개는 이성이 아닌 본능에 의해 움직이는데 그의 본능이 확실한 안내자인 셈이다. 존 샌포드(Sanford, 2010)는 아스클레피우스의 상징인 개는 치유과정에서 필요한 본능을 의미한다고 말한다. 모든 치유가 이성을 필요하지 않으며 종종 본능의 소리에 이끌려야 한다. 종종 이성적인 측면만을 강조하기보다 내면에서 오는 욕구로 행동하고 선택할 때, 더 좋은 결과를 얻을 때가 있다. 우리 내면의 본능을 의미하는 개는 우리를 올바른 길로 이끌고 문제를 해결할 수 있는 길을 발견하도록 돕는다. 존 샌포드(2010)는 우리 자신을 치유하기 위해 우리가 필요한 것이 무엇인지를 알려주는 본능은 어쩌면 우리 내면의 개일 수 있다고 말한다. 존 샌포드(2010)는 내면의 본능, 즉 개의 소리에 이끌렸던 한 내담자의 사례를 들려준다. 음악 연주가였던 내담자는 극심한 우울감으로 연주를 할 수 있는 에너지가 전혀 없었다. 곧 무대에 서서 연주해야 하는데 도저히 어떻게 해야 할지에 대한 생각에 짓눌려 깊은 절망감에 시달렸다. 그는 본능적으로 바다로 향했고 아무 생각도 없이 옷을 그대로 입은 채로 바닷속으로 들어가 물이 가슴까지 차오를 때까지 들어가 그곳에 한참 머물렀다. 그는 그곳에서 모든 근심과 두려움이 씻겨나가는 듯한 기분이 들었고 오랫동안 그를 괴롭혔던 우울감에서 벗어났다. 내담자는 자신을 치료하기 위해 무엇을 해야 할지를 자기 내면에 있는 개의 인도를 따른 것이다. 우리가 지나치게 본능에 이끌렸을 때 얻을 결과는 자명한 일일 것이다. 그러나 우리가 지나치게 이성으로 모든 것을 판단하고 선택하기만 한다면 내면의 균형은 깨어지고 왜곡된다. 이때 필요한 것은 깨어진 내면의 균형을 맞추는 대극의 반전, 에난치오드로미아(Enantiodromia)일 것이다. 삶의 위기와 문제 앞에서 우리가 내면 안에 존재하는 개의 인도를 스스로 허락 할 수 있다면 아스클레피우스의 치유 경험을 이룰 수 있을 것이다.

에스테스(Estes, 2013)는 여성이 본능적 자연의 뿌리로 돌아갈 때, 다시 말해 자기 안에 있는 길들지 않는 원초적 야생으로 돌아갈 때 강력하고 건강하며 창의적이고 온전하고 행복해진다고 말한다. 우리 안에 있는 길들지 않은 야생성의 긍정적인 면을 상징하는 것이 개다.

3) 늑대

늑대는 개보다 영리하고 여우보다 꾀가 많은 동물이다. 먹잇감을 찾을 때는 매우 신중하고 아주 세세한 것까지도 염두에 두고 행동한다. 늑대의 힘은 무리에서 나오는데 사냥을 할 때 무리를 지어 공격하며 눈밭에서 빨리 달릴 수 있는 동물은 늑대뿐이다. 늑대가 가진 끈기와 지능과 협력, 이것이 늑대와 그 무리를 두려워하면서도 동시에 감탄하지 않을 수 없게 만드는 특성이다(Bastian, 2005). 늑대 무리 질서의 원천은 우두머리에 대한 절대적인 충성의 자세이다. 힘겨루기를 통해 만들어진 확고한 위계질서가 무리의 힘의 원천이다. 사회적 존재인 인간과 가장 유사한 사회적 공동체를 형성하는 동물이 늑대이다. 한마디로 늑대의 사회생활은 인간의 그것과 크게 다르지 않다. 게다가 늑대의 사회는 인간 사회와 마찬가지로 아주 효율적으로 구성되어 있다. 바로 그런 이유로 늑대가 전 세계에 퍼져나가 번성할 수 있었다. 그런데 인간과 가장 유사한 특징이 늑대들을 가장 큰 위협으로 몰아갔다(Bastian, 2005).

인류 역사 안에서 늑대만큼 인간들이 박멸하기 위해 애를 쓴 동물은 없었다. 늑대를 몰아내고도 늑대에 대한 두려움은 중세 유럽 늑대인간 신화를 이어지기도 하였다.

고대 그리스의 신화에는 늑대의 기원에 관한 이야기가 있다. 아르카디아의 왕 리카온이 제우스를 대접하기 위해 차린 음식에 인육을 섞은 것이 신들의 분노를 샀다. 더군다나 그 인육은 리카온이 제 손으로 죽인 손자 아르카스의 시체였다. 제우스의 노여움을 산 아르카디아는 늑대로 변했다는 음산한 이야기는 늑대의 잔인성과 폭력성 그리고 신의 저주라는 부정적 이미지를 만들게 되었다.

그림 형제 동화집에 나오는 '빨간 망토' 이야기는 사악하고 악한 존재로 묘사되는 전형적인 이야기이다. 라딩어 (Radinger, 2018)는 심층 심리학적으로 빨간 모자는 성적 주제를 담고 있으며 나이 든 남자에게 유혹당하는 어린 소녀를 의미한다고 말한다. 늑대는 처음에 할머니를, 나중에는 소녀도 집어삼키는데 여기에는 성적 결합을 상징 할 수 있다. 늑대로 표현된 음탕한 남자가 소녀를 유혹하는 내용을 담고 있는 이런 이야기를 통해 어린 여자아이들에게 낯선 남자와 가까워지지 말라는 교훈을 주고 있다. 늑대로 표현된 남자는 아버지와 남편과는 달리 성적인 욕구로 소녀의 인생을 파괴하는 음탕한 존재로 나타난다. 전 세계에서 늑대는 음탕함과 더불어 공포와 두려움의 대상이 되어왔으며 이러한 두려움은 여전히 현재 진행형이다. "인간은 인간에게 늑대다. 삶과 역사의 모든 것을 경험하고 난 뒤에 누가 이 말을 용기 있게 반박할 수 있겠는가?"라는 말을 프로이트가 하였다 (Freud, 2020). 프로이트가 늑대 메타포를 사용한 것은 「문명 속의 불만」에서였으며 1927년 제1차대전이 끝난 지 9년 만이다. 아직 참혹했던 전쟁의 후유증에서 벗어나지 못하던 시대였다. 당시 세계는 문명화된 서구와 미문명화된 식민지로 나누어진 시대였다. 그러나 인류 역사 속에서 가장 참혹한 전쟁인 제 1차대전이 서구에서 일어났다. 프로이트는 이 모든 것을 여전히 통제되지 못하는 인간 본능의 무서운 파괴적 결과로 인식하였다. 인간은 자아를 통해 이성적이고 교양있게 행동 할 수 있지만, 여전히 내면에 존재하는 본능의 힘은 끔찍하고 잔인한 모든 것, '야수 같은 짓'을 일으킬 수 있게 한다(Bastian, 2005). 프로이트는 늑대 메타포를 통해 원시시대와 중세시대를 벗어나 현대를 살아가는 우리에게 여전히 원시시대의 동물적 특성이 존재한다고 말한다.

프로이트가 사용한 늑대 메타포에는 사악하고 악한 존재라는 의미를 담고 있다. 프로이트가 사용한 동물 메타포는 인간의 본능을 나타내는 메타포이다. 인간은 문명화를 통해 자기의 감정을 통제하고 자신을 적절하게 제어하게 되었지만 이러한 감정통제와 자기수련은 완벽하지 않다. 그리고 언제든 본능적 부분이 우리를 삼킬 수 있다는 의미이다.

개는 문명화된 삶 속에서 지나치게 사용하게 된 이성과 자기통제에 균형을 가져다주는 본능을 나타내는 것이라며, 늑대는 본능이 가진 부정적이고 파괴적인 면을 상징한다. 개는 긍정적인 인간의 통제 가능한 범위의 본능이라면, 늑대는 인간이 통제할 수 없는, 그래서 더욱 더 파괴적이고 두려운 본능을 의미한다.

4) 양치기

성경에서 예수 그리스도가 양 떼를 지키는 헌신적인 양치기로 비유되거나 크리스천이 헌신적인 목자의 돌봄을 받는 양으로 묘사된다. 양치기는 주변에 양들을 끊임없이 노리는 도적과 맹수로부터 지켜주는 보호자를 상징한다. 자비롭고 보호적인 힘을 상징하는 양치기의 이미지는 신화 속에서 노파나 노인의 모습으로 자주 등장한다. 이들은 위험에 빠진 영웅에게 도움을 주는 존재로 영웅에게 부여된 소명을 이룰 수 있게 도와주는 존재이다. 신화학자 조지프 캠벨(Campbell, 2018)은 보호자로서의 노파는 유럽의 민담에 자주 등장한다고 말한다. 그리스의 신화 테세우스와 미궁 이야기 속에서 괴물을 퇴치하고 무사히 빠져나올 수 있게 한 것은 아리아드네의 실타래이다. 캠벨(2018)은 테세우스를 도운 아리아드네가 보호자 노파의 원형과 연결된다고 한다. 보호자인 양치기는 언제나 선한 양치기만 있는 것이 아니다. 양들을 제대로 돌보지 않고 학대하고 괴롭히는 양치기도 존재하며 이것은 폭군의 원형적 이야기와 연결된다.

영웅신화 속에는 괴물과 함께 폭군이 언제나 등장한다. 괴물과 같은 폭군의 이미지는 세계 곳곳에 있는 원형적 이야기의 주인공이다. 괴물과 같은 폭군은 자기 지위가 갖는 권위를 자신만을 위해 행사하기에 퇴치되어야 할 용과 같은 존재가 된 사람이다(Campbell, 2018). 폭군의 특성은 자만이다. 이러한 자만은 폭군을 파멸의 길로 가도록 이끈다. 폭군은 사람들의 선의를 짓밟고 학정을 일삼는다. 신화 속 영웅의 기본적인 임무는 이러한 폭군들을 물리치고 사라지게 하는 것이다. 그러나 신화 속 폭군은 본래부터 폭군이 아니다. 구시대를 나타내는 변화를 거부하는 기성세대로, 예전에는 황금시대를 열었던 영웅이나 이제는 폭군이 지배하는 황무지시대를 연 폭군이 된다. 캠벨(2018)은 폭군을 제거해야 하는 영웅이 사실 하나이며 영웅과 폭군은 이원론적 균형을 이루는 존재들이라고 말한다. 오이디푸스에서 폭군인 아버지를 제거하고 스스로 왕위에 오른 오이디푸스는 결과적으로 아버지의 운명에 한 걸음 다가선 존재가 되고 비극적인 운명을 맞이한다.

본 치료모델 속에서 목숨을 걸고 양 떼를 지킨 양치기 개들을 비난하고 어떤 보상도 주지 않는 부분에서 양치기는 폭군의 원형적 이야기와 연결된다. 전혀 상대를 이해하려 하지 않고 자기만의 방식과 판단에 의지해서 일방적으로 행동하는 양치기는 폭군이다.

5) 여우

여우는 여성성을 나타내는 본능적이고 여성적인 성질을 갖는다. 폰 프란츠(Franz, 2018)는 남부 독일부터 중국을 걸쳐 일본에 이르기까지 거의 비슷한 상징체계를 형성하는데, 그것은 귀신, 마녀와 같은 부정적 이미지라고 말한다. 마녀는 여우의 형상으로 변하여 온갖 재앙을 일으킨다고 믿었다. 중국, 일본, 한국에서는 여우가 사람으로 변신해서 해를 끼칠 수 있는 존재로 여겨졌다. 폰 프란츠(Franz, 2017)는 여우는 인간 속 본능의 힘을 나타내는 것으로 이 힘은 본래 그의 인간성에 속하지만 동물로 나타낸다고 하였다. 여우는 신화와 중세 유럽에서 교활한 잔인성을 나타내며 악한 아첨자의 모습으로 등장한다. 남부 독일, 오스트리아, 스위스에서 여우가 마녀의 영혼으로 여겨졌다. 마녀와의 연결되는 부정적 이미지의 여우는 중국과 일본에서도 비슷하다(Franz, 2018). 여우는 이러한 부정적 이미지를 가지면서 동시에 디

오니소스 신의 동물이다. 여기서 여우는 보이지 않는 것을 아는 존재로 나타난다. 여우의 교활함의 이미지는 긍정적으로는 보이지 않는 것을 꿰뚫어 보는 지혜를 나타냈으며 일본에서 여우는 벼의 신을 상징하는 마술적 사자로 인식되었다. 여우는 마녀가 나타내는 교활함을 상징하면서 동시에 보이지 않는 것을 볼 수 있는 지혜를 상징하는 대극적 상징체계를 갖는다.

6) 염소

양과 염소는 인간이 가축화시킨 비슷한 초식동물이지만 둘의 상징적 의미는 다르다. 양은 여성적 성질을, 염소는 남성적 성질을 나타낸다. 양이 가진 맹목성과 어리석음의 이미지와는 달리 염소는 신적 힘을 가진 긍정과 부정의 이미지를 갖는다. 잡기 어려운 민첩한 동물이기에 민첩성과 바위 골짜기를 타고 오르는 염소는 결단력을 나타낸다. 염소는 폭풍의 신 토르의 동물로 토르의 전차를 끌고 하늘을 가로지르는 힘을 지닌 존재이다(Franz, 2018). 염소는 양과는 달리 험한 산에서 살기 때문에 사냥하기 어려운 동물이었고 교활함을 나타내며 숫 염소의 왕성한 생식 활동은 남성적인 생식력을 상징하였다. 유럽의 기독교 전통에서 염소는 사탄과 마술적 힘을 상징하지만 고대 그리스에서 염소는 제우스에게 젖을 물린 존재로 제우스에게 바치는 신성한 공물로 여겨졌다.

7) 사슴

수사슴은 풍요로움과 생식력을 나타내는 태양을 상징한다. 수사슴의 뿔은 생명의 나무와 부활을 의미한다. 전 세계에서 수사슴은 샤먼을 의미하는 동물로 샤먼이 가진 힘인 이승과 저승을 연결해주는 신적 메신저의 역할을 나타낸다. 켈트족에게 수사슴의 뿔은 왕을 의미하였다. 신라의 왕관은 수사슴의 뿔을 재현한 것으로 우리나라도 수사슴은 왕을 나타낸다. 중년기를 맞는 여성들이 자기를 상징하는 소망의 동물로 표현하는 것이 수사슴이다. 이것은 자기실현을 무의식적으로 표현한 것으로, 태양을 상징하는 자기실현의 상징체계이다. 암사슴은 구약성경의 아가서에도 등장하는데 아름다운 여인으로 표현된다. 칼 융은 암사슴이 대표적인 여성적 동물로 성적 이미지를 나타낸다고 하였다. 중세시대에 그려진 사슴 사냥의 다양한 그림은 사실 성적 욕구를 위한 사냥의 의미가 있다고 하였다. 암사슴과 수사슴은 리비도적 이미지를 공통으로 가지며 생명, 왕권, 자기실현 등을 나타낸다.

8) 자칼

늘대와는 달리 자칼은 사냥보다 시체를 먹는 청소동물에 가깝다. 전 세계에 넓게 번성한 늘대와는 달리 서식지역은 한정되었다. 자칼의 특성은 자칼의 유전자를 물려받은 개에게서 발견된다. 로렌츠(Rorenz, 2003)는 개의 조상은 자칼과 늘대로 나누어진다고 말한다. 늘대 혈통의 개는 무리를 형성하며 우두머리에게 충성을 바치기에 주인은 우두머리로 여겨진다. 수컷은 완전히 성장하면 주인에게 완벽하게 충성하지 않는데 그것은 언제든 자기 주인을 제압하고 우두머리 자리를 차지 할 수 있기 때문이라는 것이다. 반면에 자칼 혈통의 개는 평생을 절대적인 충성을 바치며 주인은 우두머리가 아닌 부모로서 여긴다고 한다. 황금빛으로 빛나는 붉은 털은 자칼의 유전을 나타내며 이런 개는 부모에게 하듯이 어리광이 특징이고 늘대 혈통의 개는 강한 배타적인 충성심이라고 말한다. 늘대는 무리를 형성하고 무리의 위계질서 속에서 충성심이 만들어지지만, 자칼은 무리를 형성하지 않고 부모와의 강한 연대감이 충성심의 원천인 셈이다. 자칼은 치유, 안내, 보호라는 개의 상징적 이미지를 공유한다. 고대 이집트에서 저승을 안내하는 아누비스 신은 자칼의 머리를 가진 신으로 저승의 안내자로 부활을 상징한다. 자칼은 개와 유사하게 치유, 보호, 부활의 상징체계를 형성하였다.

9) 호랑이

칼 융은 사자는 태양과 남성성을 상징한다면 호랑이는 달과 여성성을 상징하며 아니마의 여왕이라고 말하였다. 서양에서는 백수의 왕이 사자이지만 동양에서는 호랑이다. 호랑이는 힘, 용기, 속도, 아름다움을 상징하였으며 자연스럽게 숭배의 대상이 되었다. 가장 무서운 맹수로서 공포를 상징함과 동시에 숭배의 대상이 되었다. 동양에서 호랑이는 산신으로 나타나거나 산신의 심부름꾼으로 등장한다. 단군신화에도 호랑이는 등장하며 조선 시대에서는 강력한 부적을 상징하였다. 조선 시대 가장 인기 있는 부적이 호랑이 발톱이었다(박영수, 2007). 호랑이는 부적 신앙에서 가장 중요한 대상으로 여겨져서 정면을 바라보는 다양한 맹호도가 현재까지 남아 있다. 호랑이의 가장 큰 특징은 상대를 제압하는 눈빛이다.

호랑이와 정면으로 맞부딪힌 동물들은 대부분 최면에 걸린 듯 강력한 눈빛에 꼼짝 못 하고 마비당한다고 한다. 호랑이는 질병과 악귀는 내쫓는 부적임과 동시에 엄숙한 생활 자세를 경고하는 '지킴'을 상징한다(박영수, 2007). 정리하면 호랑이는 강력한 여성성, 공포, 부적, 지킴 등을 상징한다.

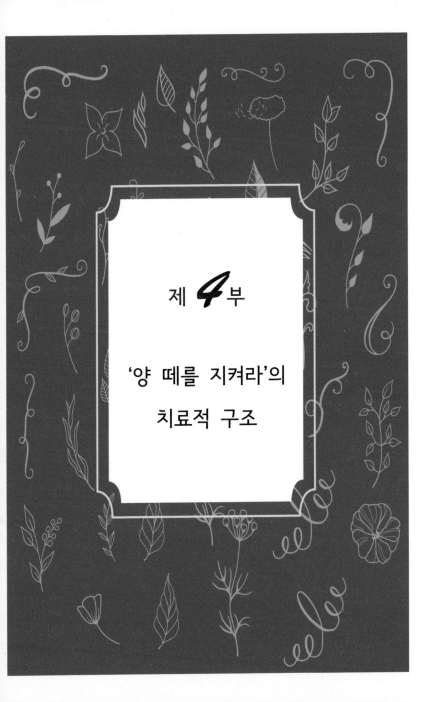

제 **4** 부

'양 떼를 지켜라'의

치료적 구조

아동과 청소년은 발달단계 속에서 위기와 문제를 만나게 되고 성인도 인생 속에서 수많은 위기에 직면하게 된다. 여기서 성공적인 문제 해결 능력이 요구된다. 또래 집단을 잘 형성하지 못하고 주눅이 들어있는 아동, 친하게 지냈던 친구와의 우정이 금이 가고 오해와 갈등으로 고통받는 청소년, 배우자와의 갈등과 직장에서의 동료들과의 경쟁과 갈등으로 인한 고통을 갖는 성인 등, 모두에 어쩔 수 없이 당면해야 하는 수많은 문제를 어떻게 다루어야 할 것인가? 인생의 커다란 위기와 문제만이 아닌 일상 속에서 일어나는 사소한 다툼 등에 대처하는 데 효과적인 문제 해결 능력은 필연적 요소이다(Burns, 2009). 효과적인 문제 해결 능력을 갖춘 사람이 훨씬 더 건강하고 기능적인 삶을 사는 것에 비해, 문제 해결 능력이 부족한 사람은 위기 앞에서 선택의 폭도 좁고 스스로 통제할 힘도 적으며 쉽게 불안해하거나 우울해한다. 적절한 문제 해결 능력을 촉진하는 것은 여러 가지 기분장애와 부적응 행동들을 막아주고 융통성 있고 균형 있는 삶을 가능하게 할 수 있다. 이러한 문제 해결 능력을 촉진하기 위한 인형치료의 모델이 '양 떼를 지켜라'이다. 본 치료모델은 인형과 은유의 결합을 통한 치료모델이다.

원형적 이야기인 양 떼 이야기 안에서 다양한 치료적 은유들이 만들어질 수 있다. 문제의 해결이 비현실적이고 마법 같은 해결책이 아니라 문제점에 대해 자세히 검토할 수 있는 치료모델은 위기와 문제에 대해 대처하는 법과 회복력을 제공하는 인지적 과정을 구축하는 치료적 전략을 제공한다.

1. 원형적 스토리텔링과 치료모델

늑대로부터 양 떼를 지키는 이야기는 원형에 속한 다양한 민담들에서 존재한다. 이솝 우화의 거짓말쟁이 양치기 이야기를 비롯한 수많은 유사한 이야기들이 있으며, 이러한 양 떼와 관련된 스토리는 무한히 변용되며 끝없이 되풀이된다. 칼 융은 원형적 스토리텔링이 의식적이든 무의식적이든 고대로부터 내려오는 패턴에서 반복되고 있으며 인류의 집단 무의식이라는 심원에서 유례한다고 말한다. 원형적 스토리는 인간 정신이 기능하는 방식에 대한 정신의 근본적인 모형이다. 의식적으로 환상적이고 불가능하거나 비현실적인 내용을 그린다고 하더라도 심리적인 면에서 보편타당하며 감정적인 면에서도 매우 공감할 수 있다. 따라서 원형적 이야기를 담고 있는 스토리는 모두가 공감할 수 있는 보편적인 힘을 갖게 된다. 캠벨(2018)은 원형적 스토리에 있는 개념들은 인간이 지닌 거의 모든 문제를 이해하는 데 활용할 수 있다고 말한다. 이러한 개념들을 포함한 스토리는 처음 그 스토리를 접하였을 때 무의식적으로 낯설지 않고 익숙한 반복성을 느끼게 한다. 이러한 익숙한 반복성을 갖는 원형적 이야기는 치료적 스토리텔링을 위한 재료가 된다.

밀턴 에릭슨(Erickson, 2020)은 치료 현장에서 내담자들을 돕기 위해 은유를 활용한 스토리텔링(storytelling) 개입 기법을 사용하였다. 에릭슨은 스토리텔링이 내담자에게 줄 수 있는 최고의 선물이라고 여겼다. 본 치료모델은 내담자의 삶과 환경에 대한 통제 감각을 촉진하는 심적 기제를 기반으로 한다. 에릭슨은 스토리텔링을 통해 내담자가 간접적으로 자기의 문제 해결 방법을 찾아내도록 이끌었다(이윤주, 양정국, 2017). 이야기는 내담자가 처한 환경에 대해 메타포를 제공해주며 그 이야기 속의 주인공과 스스로 동일시하게 됨으로써 교훈, 위로, 지지, 용기, 문제 해결 등 다양한 치료적 접근을 가능하게 한다. 본 치료모델은 원형적 내용을 포함한 이야기 안에서 문제를 직면시키고 어떤 해결을 해야 할지의 정보를 제공하며, 무엇보다 새로운 관점 안에서 자기 문제를 볼 수 있도록 이끌 수 있다.

2. '양 떼를 지켜라'의 이야기 구조

1) 내담자의 문제와 유사한 이야기 구조

양 떼를 지켜라의 기본적 이야기 구조는 '경쟁 – 도전 – 문제 해결 – 보상'이라는 흐름으로 진행된다. 이러한 스토리의 흐름은 내담자가 쉽게 동일시하고 몰입 할 수 있는 원형적 이야기 구조로 되어 있다. 내담자는 이야기 속 등장인물들과 그들의 행동방식에서 어떤 의미를 투사하면서 몰입 상태가 되고 자신의 행동이나 준거 틀, 경험의 수준, 무의식적인 역동에 이르기까지 다양한 방식으로 참여하게 된다.

신화와 민담의 대표적인 주인공은 영웅이다. 영웅은 신화와 민담을 보게 만드는 일종에 중심축이 된다. 캠벨(2018)은 신화와 민담의 주인공인 영웅과 관련된 스토리의 기본적 본질이 여행이라고 보았다. 영웅은 편안하고 익숙한 일상의 공간을 떠나 미지의 세계로 여행을 한다. 이 여행은 위험을 무릅쓰는 도전이다. 영웅은 미지의 세계가 갖는 공포와 두려움을 극복하고 여행에서 겪는 고난을 기꺼이 감수한다. 영웅은 여행의 시련 앞에서 절망에서 희망으로, 약점을 강점으로, 우둔함을 지혜로움으로, 미움을 사랑으로 변화시키며 성장하며 자기에게 주어진 과제를 완수한다.

경쟁 – 도전 – 문제 해결 – 보상이라는 4단계의 이야기 구성은 캠벨이 말한 신화 속 영웅 이야기가 갖는 4단계 구조와 비교할 수 있다.

양 떼 이야기 구조	신화 속 영웅 이야기의 구조
경쟁	출발, 분리, 모험에로의 소명
도전, 문제 해결	입문, 시련, 통과
보상	보상, 귀환

양 떼 이야기 구조와 신화 속 영웅 이야기의 구조는 유사한 형태를 가지고 있다. 양 떼 이야기는 양치기가 산 위로 올라오면서 경쟁으로 시작된다. 신화 속 영웅 이야기의 구조는 영웅의 출발과 분리, 소명에서 시작한다. 경쟁은 칼 융

(2016)의 수 상징체계에 의하면 수 2를 의미한다. 수 1은 경쟁이 존재하지 않는 단일성의 존재이다. 하나의 단일성이 갈라져 나가 둘이 되면 대립, 경쟁, 갈등의 모습을 갖게 된다. 신화 속 영웅 이야기 구조의 출발과 분리는 역시 수 2의 상징체계를 보여준다. 이제 하나의 단일성에서 분리되며 이를 통해 수 2의 긴장과 갈등을 내포하게 된다. 양 떼 이야기 두 번째 구조는 도전, 문제 해결을 갖는다. 비슷하게 신화 속 영웅 이야기의 구조도 입문, 시련, 통과라는 문제 해결의 단계를 지나간다. 양 떼 이야기의 세 번째 구조는 보상의 이야기다. 신화 속 영웅 이야기의 구조도 역시 보상이며 이를 통한 이야기의 마무리가 이루어진다.

에릭슨의 견해처럼 직접적인 개입 보다 메타포의 활용이 더욱 강력한 영향을 미치는데, 양 떼를 지켜라의 스토리텔링은 상담사의 의도된 조언이나 충고보다 더 큰 영향을 미치게 된다(이윤주, 양정국, 2017). 무엇보다 내담자의 기존 생각과 관점을 바꿀 수 있게 하며 새로운 내적 경험을 창조할 수도 있으며 좀 더 생산적인 행동을 발견하고 선택하도록 도울 수 있다.

상담사는 인형과 은유를 사용함으로써 이야기를 함께 만

들어낸다. 내담자가 자기 상황에 가장 적합하고 유용한 수준에서 몰입하여 이해할 수 있을 때 이야기에 포함된 다양한 치료적 전략을 받아들이게 된다.

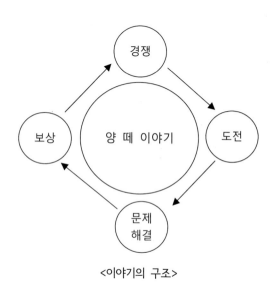

경쟁

보상   양 떼 이야기   도전

문제
해결

<이야기의 구조>

2) 내담자의 위기와 갈등과 유사한 은유

양 떼를 지켜라는 은유적인 의사소통 수준에서 이루어진다. 여기서 제시되는 은유는 내담자가 일상 속에서 겪게 되는 위기와 유사하다. 경쟁 – 도전 – 문제 해결 – 보상의 이야기 흐름 속에서 내담자는 자기의 문제와 동일시가 되며, 유사한 상황에서 어떻게 해결책이 나오는지를 알아내려는 내담자의 호기심을 유발하게 할 수 있다. 치료모델의 이야기에는 인생에서 만나게 되는 다양한 위기를 다루기에 내담자는 점차 치료모델에 집중하면서 스스로 위기를 해결할 수 있는 자원을 개발할 수 있다. 치료모델의 이야기 속에 참여하면서 내담자는 위기에서 무엇이 얼마나 중요한 것인지, 자신이 선택할 수 있는 것이 무엇이며, 자신이 원하는 것을 얻기 위해서 무엇을 해야 하는지를 깊은 수준에서 경험할 수 있다. 인생에서 경험 할 수 있는 경쟁 – 도전 – 문제 해결 – 보상의 이야기 속에서 내담자는 자신이나 타인에 대한 비난에서 벗어나 자기 책임을 깨닫게 되며 자신이 중요하게 여겼던 점을 확대해서 볼 수 있다. 자신을 객관화시키면 변화를 위한 자원을 얻게 되는데, 하나의 작은 변화는 더 큰 변화를 위한 동력이 될 수 있다.

3) 내담자의 현실을 바탕으로 한 해결전략

내담자가 치료모델에서 선택하게 되는 해결책은 내담자가 현실에서 실제로 선택할 가능성과 연결된다. 이런 부분에서 게임은 투사적 진단 도구가 되어 내담자를 진단할 가능성을 제공한다. 내담자는 위기 상황에서 선택할 가능성의 내용을 상담사와의 피드백을 통해 자신을 객관화시킬 기회를 받는다. 예를 들어, 양치기 개들이 늑대들의 공격을 받았을 때 위기를 해결할 방법은 동료 개들의 협력을 활용하는데 있다. 만일 내담자가 이 부분을 인식하지 못하고 해결을 시도하였을 때, 자신의 선택과 다른 가능성이 있다는 사실을 알게 된다. 내담자가 과도한 책임감과 수치심에서 경직되어 다른 선택을 못 하거나 아니면 위기 자체만을 해결하려고 양 떼를 지켜야 한다는 책임감을 벗어버리고 늑대로부터 도망치는 선택을 했을 수 있다. 이때 다른 해결 가능성이 있다는 사실을 내담자가 경험 할 수 있다.

경쟁 – 도전 – 문제 해결 – 보상의 이야기 구조 안에서 내담자는 자기가 가진 문제와 대비해서 볼 수 있게 된다. 이러한 경험은 위기와 문제를 풀어가는 해결의 실마리를 제공할 수 있다.

3. 치료적 도식

제기된 문제	개발된 자원
• 경쟁	• 구체적으로 판단하기
• 위기	• 문제에 대해 심사숙고하기
• 갈등	• 실용적 해결 대안 찾기
• 상실	• 자신의 강점 사용하기
• 두려움	• 효과가 있는 것 더 사용하기
• 협박	• 자책하지 않기
• 배신	• 부정적 생각 다루기
• 실망	• 자기 목표를 향해 노력
• 자기 탓	• 책임감에 대해 논의하기
• 책임감의 위기	• 협력하기
• 절망감	• 경쟁과 갈등 상대와 소통하기
• 관계	• 깨어진 관계 복원하기
• 기존의 관점에 대한 도전	• 실망과 배신에 대응하기
	• 다양한 시각에 대한 직면

나타난 성과

- 사고가 감정을 결정한다는 사실 받아들이기
- 관점에 따라 결과가 달라진다는 것을 인식하기
- 부정적 감정들을 조절하는 기술 갖기
- 외상을 다스릴 수 있는 기술 갖기
- 창조적인 문제 해결
- 자기수용
- 갈등 해결 전략
- 다른 사람들과 협력해서 함께하기
- 변화의 가능성에 대해 희망 갖기
- 자신만의 능력에 가치 두기
- 자기 힘 구축하기
- 자기주장
- 어려움을 극복할 수 있다는 사실 알기
- 대인관계 향상
- 목표 달성
- 선택의 가능성 파악
- 개인적 책임감 조절
- 자책을 다루기
- 현실을 수용하기
- 새로운 관점 수용하기

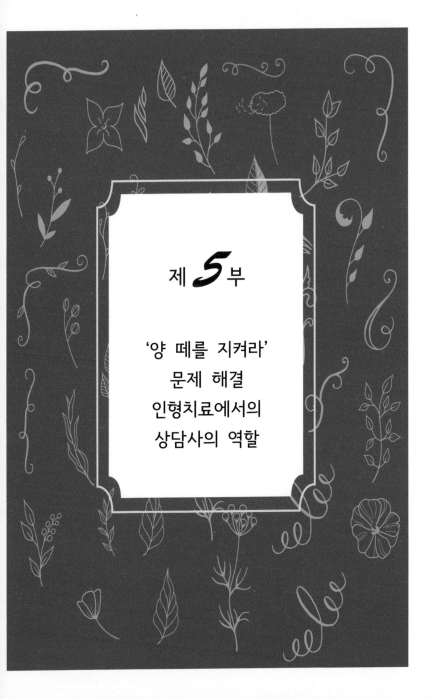

제 **5** 부

'양 떼를 지켜라'
문제 해결
인형치료에서의
상담사의 역할

1. 내담자의 전략적 대응 속에서 감정에 초점을 맞춰라

상담사는 내담자가 치료모델 속에서 문제를 풀어가는 과정에서 내담자의 감정에 초점을 맞춘다. 내담자는 현실의 세계를 반영해주는 게임 속에서 동일시를 통해 감정과 행동이 드러나게 된다. 하지만 내담자는 자기의 감정을 알아차리지 못하거나 감정을 제대로 표현하지 못하는 경우가 많다. 내담자가 게임 속에서 올라오는 감정이지만 이러한 감정에는 내담자가 일상에서 느끼는 감정이 놓여있다. 상담사는 내담자의 감정에 주의를 기울일 수 있도록 도와줌으로써 내담자의 문제 해결의 자원을 촉진할 수 있다. 내담자가 감정을 충분히 다루고 자기감정을 알아차리게 되면 통찰을 얻게 된다.

　　내담자: 양치기 개들이 자신들의 임무를 수행하다가 다
　　　　　　죽게 될 수 있어요.
　　상담사: 자신들의 임무를 최선을 다해서 수행하는 것이
　　　　　　죽음이라는 것이 슬프네요.

2. 지지만큼 직면도 해라

상담을 받으러 온 내담자의 문제를 해결하기 위해 우선적인 작업이 상담사와의 라포형성이다. 상담사는 존중, 이해, 따스함을 통해 내담자와 공감적 라포 관계를 형성해야 한다. 치료모델에서 상담사는 듣는 것에 익숙해져야 하며 내담자의 말을 주의 깊게 듣고 수용함으로써 신뢰와 지지 관계를 형성할 수 있다. 이러한 지지와 더불어 직면이 필요하다.

　내담자: 저는 다른 개들에게 도움을 요청하기보다 직접적으로 늑대들과의 전쟁을 택하겠어요.
　상담사: 명수씨, 늑대들과 바로 전쟁을 한다고 하셨는데, 다른 개들에게 도움을 요청하지 않는 이유는 무엇이죠?

상담사는 존중과 수용, 이해의 자세를 필수적으로 하지만 내담자가 중요한 과제를 선택했을 때 그것에 대해 이유를 묻고 동기를 구체화해야 한다.

3. 공간의 활용에 주의를 기울여라

내담자가 치료모델 속에서 공간을 어떻게 활용하는지 관찰을 해야 한다. 기본적인 게임의 세팅은 상담사가 내담자의 적극적인 참여를 통해 각 동물을 배치한다. 내담자가 아동이면 처음부터 함께 동물들을 배치하고, 성인의 경우는 전체적인 세팅을 상담사가 미리 준비하는 것이 좋다. 내담자가 동물들 간의 경계와 위치, 거리, 방향을 세우는 것에서 내담자가 사용할 대응과 전략이 드러난다. 내담자가 진술하는 내용과 공간적 배치가 전혀 어울리지 않는 것은 내담자의 혼란스러운 상태를 반증할 수 있다.

4. 내담자의 게임에 함부로 끼어들지 말라

치료모델에서 어떻게 대응해야 하는지 답답해하는 내담자가 상담사에게 답을 물어볼 수 있다. 이때 상담사는 섣불리 힌트나 암시를 주거나 해결 방안을 알려주어서는 안 된다.

내담자가 위기 상황 속에 처하게 되고 그 속에서 스스로 해결방법을 찾는 것이 치료모델의 목적이다. 내담자가 스스로 문제들을 해결하기 위한 대안들을 고안해내고 전략들을 제안할 때까지 인내심을 갖고 기다려 주어야 한다. 내담자는 아직 게임 전체를 파악하지 못해서 답답해할 수 있고 반면에 상담사는 전체 진행을 알기에 여유로울 수 있다. 하지만 이러한 부분이 치료관계 안에서 권력으로 작용해서는 안 된다. 인내심을 갖고 내담자의 속도에 맞추어 진행하며 내담자의 언어와 사고의 형태에 합류(Joining)해야 한다. 참고로, 합류는 미누친(Minuchin)의 구조적 가족치료에서 사용하는 기법으로 상담사가 내담자의 가족문화에 적응하고 동화하기 위한 언어적, 비언어적, 반영적 자세를 말한다. 상담사는 내담자들이 사용하는 어투와 말투, 표현 방식을 조심스럽게 흉내를 내고, 따라 해서 자연스럽게 가족 안으로 들어가게 되는 기법을 말한다. 역시 본 치료모델에서도 상담사에게 합류의 기법이 유용하다.

5. 구체적으로 이야기하라

치료모델 속에서 내담자는 자기 생각과 감정을 상담사에게 전달한다. 이때 유능한 상담사는 내담자가 자기의 생각과 감정을 보다 구체적으로 표현하도록 돕는다.

내담자: 양치기가 수고한 개들에게 아무런 보상을 하지 않으면 억울할 것 같아요.
상담사: 얼마나 억울할지 이야기해 보세요.

내담자들은 보통 자기의 생각과 감정을 자세하게 설명하지는 않는다. 더군다나 일반적인 생각을 말하는 주지화로 표현을 하게되면 게임은 지루할 수 있다. 그러면 치료모델은 밋밋하고 일찍 마치게 된다. 하지만 상담사가 내담자의 진술에 대해 적절하게 구체화하면 내담자의 생각과 감정이 구체화 되고 내담자에게 초점이 집중될 수 있다.

6. 비언어적 행동에 주의를 기울여라

내담자의 언어적 진술과 인형을 배치하는 과정에서 명백한 메시지가 표현된다. 여기서 상담사는 내담자의 비언어적 메시지에도 주목해야 한다. 목소리 높이, 표정, 눈 맞춤, 몸 움직임, 주먹을 꽉 쥐는 것, 미소, 인상 쓰기 등의 비언어적 의사소통은 내담자의 생각과 감정을 엿 볼 수 있는 창구의 기능을 한다. 특히, 내담자의 언어적 메시지와 비언어적 메시지가 서로 불일치할 때 상담사는 비언어적 메시지에 주목해야 한다. 언어적 메시지보다 비언어적 메시지가 감정을 더욱 잘 나타나게 해주기 때문이다.

7. 장황한 설명을 피하라

한국적 임상 상황 속에서 여성 내담자들은 비교적 자기 생각과 감정을 언어로 잘 표현하는 반면에, 남성 내담자들의 경우 단답형의 대답이 많아서 상담사가 더욱 말을 많이 하게 될 수도 있다. 이러한 상담 현실 속에서도 상담사는 내담자보다는 적게 말해야 한다. 상담사는 치료모델을 진행하기 위해 내담자에게 설명해야 하고 간단한 질문을 한다. 이때 상담사는 가능한 한 명확하게 설명하고 장황한 부연 설명을 피해야 한다.

8. 내담자의 비합리적 신념을 다루어라

내담자가 주로 사용하는 단어와 표현 등은 내담자가 세상을 어떻게 보는가에 대한 중요한 단서가 된다. 앨리스(Ellis, 1998)는 "해야 한다"와 같은 단어를 특별히 주의 깊게 들었다. 왜냐하면, 그러한 단어를 사용해서 대답하는 경우 내담자의 비합리적 신념을 나타내는 단서가 될 수 있기 때문이라는 것이다. 앨리스는 현실에 기반을 두지 않고 현실을 극화시키는 경향이 있는 사고를 찾아내려고 하였다. 비합리적 사고는 객관적인 증거가 뒷받침되지 않고 고통스러운 감정을 갖게 하는 신념을 말한다.

내담자: 저는 무조건 양치기 개로 선택을 받아야 해요.

상담사: 왜 그렇죠?

내담자: 양치기 개가 되지 못하면 늘 굶주려야 하기 때문이에요.

상담사: 양치기 개가 되지 않으면 굶주리는 것이 아닌 이미 굶주렸던 거네요.

내담자: 글쎄…. 양치기 개가 되지 못하면 아주 실망스럽겠지요. 그리고 다른 대안을 찾겠지요.

위의 진술에서 내담자는 양치기에게 양치기 개로 선정되지 않으면 안 되는 절망스러운 분위기를 나타내었다. 이처럼 게임에서 내담자들이 "해야 한다"와 같이 단호하게 표현하는 부분에서 비합리적 신념을 찾을 수 있으며, 게임 종료 후에 이어지는 상담 과정을 통해 발견된 비합리적 사고를 다룬다.

9. 지나치게 착한, 타인의 시선으로 자신을 보는 내담자를 파악해라

본 치료모델 안에서 지나치게 이기적이고, 자기중심적으로 보이는 내담자는 자기애적 성향이 높은 내담자일 수 있다. 반면에 치료모델 안에서 지나치게 착한 내담자가 있다. 자기 책임을 과도하게 느끼고 부당해도 전혀 반항하거나 대들지 못하는 내담자이다. 심리상담의 현장에서 느끼는 것이지만 상담실을 찾아와 도움을 요청하는 사람 중에 착한 사람이 많다. 인간적으로 볼 때 그들은 좋은 사람들이다. 다른 사람에게 피해 주기를 싫어하고 선한 성품에 성실하게 살아왔던 사람들이다. 이들은 보통 부모의 지나친 지배와 권위에 제대로 저항 한 번 못해본 사람들이 많다. 이들은 성격이 모가 나고 지나치게 이기적인 사람들과는 거리가 멀다. 다른 사람들보다 섬세하고 상냥한 이들이 가진 문제는 자신보다 타인을 우선시한다는 것이다.

나는 「가족의 발견」에서 「내 인생을 힘들게 하는 좋은 사람 콤플렉스」를 쓴 듀크 로빈슨(Robinson, 2012)의 글을 인용해서 이러한 부류의 내담자들에 대해 설명을 하였다. 로빈슨(Robinson, 2012)은 착한 사람들은 자신들이 왜곡된 사고의 틀 속에 길들어 있다는 사실을 깨달아야 한다고 말한다. 더는 착하기만 해서는 안 된다는 현실을 받아들이라는 말이다. 착한 사람이 살아왔던 삶의 방식이 왜곡된 방식이라는 듀크의 지적은 삶의 자세가 문제이기보다는 그들이 지나치게 타인의 시선으로 살아간다는 것이 문제이다. 착한 아이는 태어날 때부터 착한 아이로 태어난 것이 아닌 주변 환경과 어른들의 요구에 자기 자신을 그렇게 맞춘 것이다. 착한 사람은 단지 인정받기를 원해 착한 사람이 된 것이 아니다. 그들은 자신을 인식할 때 늘 타인의 시선으로 바라보는 습관을 갖고 있다. 자기 자신을 있는 그대로 보기보다 언제나 타인의 눈으로 자기를 보기 때문에 자신에게 좀 더 엄격하고 통제적인 사람이 된다(최광현, 2015).

이들은 어릴 때부터 자기의 욕망을 느끼고 살기보다 늘 타인의 생각과 욕망을 눈치채고 상대방에 맞추어 살아왔던 사람들이다. 그러나 사회생활은 이러한 사람들에게는 힘이 든다. 타인을 배려하고 상대방의 마음에 상처를 주지 않으려는 태도는 늘 전투적이고 매사에 공격적이고 상대방을 배려하기보다, 자기의 의견을 관철하려는 사람들에게 밀린다. 착한 사람들은 자기의 욕망을 인정하고, 그것을 표현하지를 못하기 때문에 늘 눈치 보는 관계를 만들어 관계에 힘들어하게 된다(최광현, 2015).

자기 자신의 목소리에 귀를 기울이기보다 언제나 다른 사람을 향해 안테나가 발달한 착한 사람들은 다른 사람들과의 경쟁 관계, 갈등, 신경전을 힘들어한다. 다른 사람들과 신경전을 벌이고 긴장과 갈등을 위해서는 자기 자신에 에너지가 집중되어 있어야 한다. 다른 사람들이 나를 어떻게 보고 나에게 무엇을 원하는가에 신경을 쓰기보다는 내가 무엇을 원하고, 나는 어떻게 해야 하는가에 집중해야 한다. 그러나 어린 시절부터 언제나 다른 사람의 눈으로 자기를 보아왔던 습관은 다른 사람과의 긴장과 갈등을 견디지 못하게 만든다. 따라서 경쟁과 갈등 상황 속에서 선택하는 것은 언제나 회피이다. 착한 사람들이 능력이 없어서 회피하는 것이 아니다. 경쟁과 갈등은 착해야 한다는 기존의 사고의 틀과 충동을 빚기 때문에, 그들은 경쟁과 갈등 그 자체보다는 자기 내면의 갈등으로 인해 달아나는 것이다(최광현, 2015).

착한 사람이 좋은 사람 콤플렉스에서 벗어나 자신의 인생을 당당히 살아가기 위해서는 어린 시절 형성된 자기의 역할의 가면, 즉 페르소나를 살펴보는 것이 필요하다. 우리는 태어났을 때 가족 안에서 각기 역할을 부여받는다. 단지 아들이고 딸이기에 무조건 사랑을 받기보다는 주어진 역할에 충실할 때 우리는 사랑을 받았다. 따라서 가족 안에서 생존하기 위해 끊임없이 우리는 암묵적으로 주어진 역할을 수행하기 위해 애를 쓰고 최선을 다하게 된다(최광현, 2015).

가족치료사 보웬(Bowen)은 착하길 바라는 부모의 바람에 적응하기 위해서 '가짜 나(pseudo-self)'가 만들어지게 된다고 말한다. 주어진 역할에만 적응된 자아를 발달시키기 때문에 타인의 정서적 압력에 쉽게 변하고 독립적으로 생각하거나 판단하지 못하며 타인의 견해에 쉽게 동조한다. 갈등을 효율적으로 대처하지 못하고 회피를 통해 갈등을 해결하려는 사람이 된다. 이런 '가짜 나'가 아닌, 착해야 한다는 페르소나 속에만 자신을 가두지 않고 주위 사람들로부터의 정서적 압력에 굴하지 않는 독립적이고 융통성이 있으며 일관성이 있는 '진짜 나(solid-self)'로의 전환이 필요하다. '진짜 나'가 된다는 것은 자신을 독립성과 자율성을 지닌 한 사람으로 받아들이고 자기의 목소리와 생각을 존중할 수 있는 사람이다. 자녀가 부모로부터 분리되어 다른 사람과의 관계에서 자율성을 잃지 않고 정서적으로 친밀감을 표현할 수 있는 것을 말한다. 또한, 복잡한 가족관계에서 객관적으로 서 있을 수 있고 가족 문제에 쉽게 휘말리지 않는 것을 말한다. 이런 부류는 '진짜 나'를 발달시킨 사람이다(최광현, 2015).

본 치료모델로 내담자는 착하지 않은 다른 선택의 가능성이 존재한다는 사실을 통해 자기 삶의 패턴을 객관화시킬 기회를 얻게 된다. 상담사는 지나치게 착하거나, 지나치게 이기적인 내담자들에게 다른 선택의 가능성을 직면할 수 있는 촉진자의 역할을 할 수 있다.

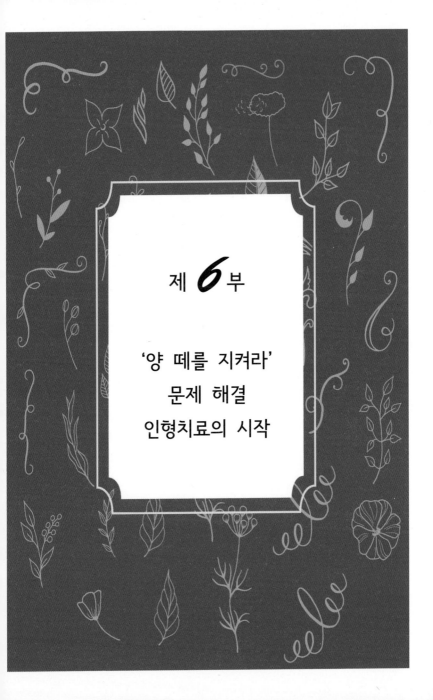

제 **6**부

'양 떼를 지켜라'
문제 해결
인형치료의 시작

1. 게임을 위한 이야기 배경

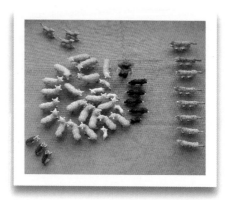

<게임의 기본 형태>

<양 떼와 양치기>

어느 산 밑에 살던 한 양치기가 목초지가 넓게 있는 산 중턱으로 양을 데리고 올라왔다. 산 중턱에는 3종류의 개들이 자유롭게 살고 있었다. 한 종류는 마운틴도그, 세퍼트, 골든리트리버가 각각 서로 무리를 이루고 있었다. 양치기는 산 위에는 늑대가 살기 때문에 양치기 개가 필요했고 3종류의 개 무리 중에서 양치기 개를 선택하게 되었다. 선택받은 한 무리의 마운틴도그는 가장 숫자가 많았다. 강아지를 포함해서 5마리가 되었다. 양치기는 선택된 마운틴도그에게 사료를 제공하였고 개들은 양들을 안전하게 보호하였다. 어느 날 양치기는 급한 일이 생겨 잠깐 산 밑 마을로 내려가게 되었다. 양치기는 개들에게 양들을 잘 보호 할 것을 당부하고 내려갔다. 하필 그때 먼 산에 살던 늑대 떼가 양 떼가 있는 산으로 몰려왔다. 양 떼를 보호해야 하는 마운틴도그에게는 위기의 순간이 닥친 것이다. 어떻게 양들을 지킬 것인가? 내담자는 양치기 개인 마운틴도그 무리가 되어 양 떼를 늑대 떼로부터 안전하게 지켜야 한다.

• **질문 1) 네가 양치기라면 양치기 개들을 어떻게 선택할까?**

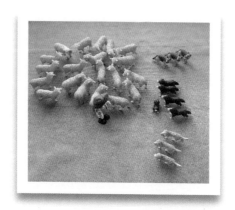

<양치기와 세 무리의 개들>

- 질문 2) 네가 개라면 어떻게 양치기에게 선택받도록 자신을 드러낼까?

  (추가적 질문)

  - 네가 이렇게 무언가 선택받으려고 애를 쓰며 선택에 성공하거나 실패한 적이 있었는가?

- 질문 3) 늘 먹이가 충분하지 못해 굶주리던 개에게 양치기 개가 되는 것은 매력적인 일이었다. 양치기에게 선택을 못 받은 두 무리개의 심정은 어떠하겠는가?

- 질문 4) 양치기에게 선택받지 못한 개들에게 충고해준다
면 어떤 말을 해주겠는가?

<양치기 개로 선택받지 못한 개들>

- 질문 5) 양치기가 산 밑으로 내려가자마자 늑대들이 쳐들
어왔다. 늑대들의 공격을 받은 개들은 어떠할까?

(추가적 질문)

(1) 늑대들이 쳐들어온다는 말을 듣고 어떤 심정인가?

(2) 어떻게 위기를 극복할 것인가? 여기서 나의 구체적
인 행동은 무엇인가?

(3) 여기서 나에게 가장 두려운 것은 무엇인가?

(4) 여기서 나에게 가장 지키고 싶은 것(소신, 원칙 등 중요한 자기의 우선사항)은 무엇인가?

(5) 여기서 나에게 가장 원하는 소망은 무엇인가?

* 위의 추가적인 질문은 모두 할 필요는 없다. 상황에 따라 상담사는 질문을 선택하여 사용하면 된다.

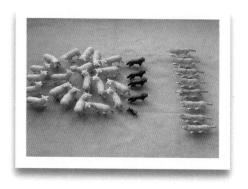

<양들을 공격하려는 늑대의 출현>

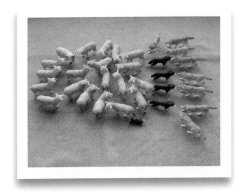

<양치기 개를 공격하는 늑대들>

- 질문 6) 구체적으로 어떻게 위기를 극복할 것인가?

  (내담자가 직접 인형이나 카드를 움직여서 설명하도록 한다.)

- 질문 7) (만일 내담자 스스로 협력을 구상하였다면) 다른
  개들과 협력하기 위해서 어떻게 할 것인가? 어
  떻게 그들을 설득할 것인가?

  (추가적 질문)

  - 게임에서처럼 다른 동료들의 협력을 얻기 위해 애를
    쓴 적이 있는가?

<양치기 개가 다른 두 무리의 개들에게 협력을 제안>

- 질문 8) 내담자가 스스로 협력을 생각하지 못하면 상담
  사가 다음의 질문을 한다. 다른 개들과 협력을
  하면 늑대들과의 싸움에서 이길 가능성이 있다.
  협력하기 위해서 어떻게 할 것인가? 어떻게 그
  들을 설득할 것인가?

- 질문 9) 다른 개들이 협력을 거부하면 어떻게 할 것인가?
  (추가적 질문)
  - 다른 동료들의 협력을 얻기 위해 애를 쓴 것이 실패
    한 적이 있는가?

- 질문 10) 주변에 있는 선택 받지 못한 개들은 늑대들의 공격에 어떤 심정일까?

- 질문 11) 늑대들이 주변 개들에게 전령을 보내어 함께 양 떼를 공격하자고 설득한다. "우리 늑대들만의 힘으로 양치기 개들을 충분히 이기고 양 떼를 잡아먹을 수 있지만, 함께 하면 더 좋을 것 같다." "참여하면 기꺼이 양들을 나눠줄 것이다." 늑대들이 "우리 함께 공격해서 같이 양들을 먹자"라는 제안에 개들은 설득당한다. 이제 세 곳에서 쳐들어온다. 어떻게 할 것인가?

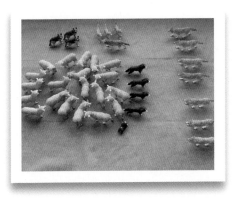

<다른 두 무리의 개들을 회유하고 있는 늑대>

- 질문 12) 늑대들이 양치기 개들에게 양 몇 마리만 넘기면 물러갈 것이라고 협상을 제안한다.

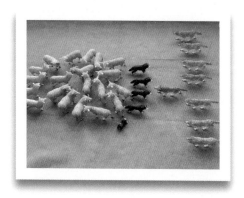

<양치기 개에게 양 몇 마리만 넘기라고 회유하고 있는 늑대>

- 질문 13) 다른 무리의 개들과 협력이 이루어지고, 양치기 개들이 최선을 다해서 지켰고 그런 분위기에 주눅이 들어 늑대들이 물러갔다. 얼마 후 양치기가 돌아왔다. 양치기가 양치기 개들이 최선을 다해 지켜 양들이 무사한 것을 알게 되었다. 이때 양치기는 어떻게 행동하겠는가?

<양 떼와 양치기 개들에게 돌아온 양치기>

- 질문 14) 양치기가 양들을 지킨 보상으로 무엇을 줄 것
  인가?

- 질문 15) 양치기가 양치기 개들에게 보상을 안 주면 어
  떻겠는가?
  (추가적 질문)
  - 무언가 애를 썼지만, 이것에 대한 충분한 보상을 받지
    못한 경우가 있었는가?

- 질문 16) 양치기가 오해를 하고 양치기 개들이 열심히 하지 않았기에 늑대들이 쳐들어왔다고 보고, 오히려 최선을 다해서 양을 지킨 개들을 혼낸다면 어떻겠는가?

(추가적 질문)

- 무언가 애를 썼지만, 이것에 대한 충분한 보상을 받지 못할 뿐 아니라 배신으로 결과가 돌아온 적이 있는가?

- 질문 17) 양치기와 양치기 개가 다시 잘 지내려면 어떻게 해야 하는가?

<양치기와 양치기 개>

- 질문 18) 여기서 가장 네가 끌리는 역할은 무엇인가?

- 질문 19) 여기서 가장 마음에 들지 않는 것은 무엇인가?

- 질문 20) 여기에 등장하는 인물 중에 누가 너 자신과 같은가?

- 질문 21) 주변에서 양 떼를 틈만 나면 공격하려는 늑대와 같은 사람이 있거나, 내 인생의 늑대는 무엇인가?

<늑대>

2. '양 떼를 지켜라' 치료모델에 대한 해설

어느 산 밑에 살던 한 양치기가 목초지가 넓게 있는 산 중턱으로 양을 데리고 올라왔다. 산 중턱에는 3종류의 개들이 자유롭게 살고 있었다. 한 종류는 마운틴도그, 세퍼트, 골든리트리버가 각각 서로 무리를 이루고 있었다. 양치기는 산 위에는 늑대가 살기 때문에 양치기 개가 필요했고 3종류의 개 무리 중에서 양치기 개를 선택하게 되었다. 선택받은 한 무리의 마운틴도그는 가장 숫자가 많았다. 강아지를 포함해서 5마리가 되었다. 양치기는 선택된 마운틴도그에게 사료를 제공하였고 개들은 양들을 안전하게 보호하였다. 어느 날 양치기는 급한 일이 생겨 잠깐 산 밑 마을로 내려가게 되었다. 양치기는 개들에게 양들을 잘 보호 할 것을 당부하고 내려갔다. 하필 그때 먼 산에 살던 늑대 떼가 양 떼가 있는 산으로 몰려왔다. 양 떼를 보호해야 하는 마운틴도그에게는 위기의 순간이 닥친 것이다. 어떻게 양들을 지킬 것인가? 내담자는 양치기 개인 마운틴도그 무리가 되어 양 떼를 늑대 떼로부터 안전하게 지켜야 한다.

내담자는 자신의 상상력을 동원해서 게임을 만들어가야

한다. 상담사가 내담자와 치료모델을 진행하기 전에 이때 인형 또는 인형 카드의 배치가 이루어져 있어야 한다. 상담사는 내담자와 함께 내담자의 생각과 감정, 위기 대응 방식을 토대로 스토리텔링을 진행하며 최대한 내담자가 자신의 이야기를 끌어낼 수 있도록 촉진적 자세를 취한다.

〈준비물〉

인형 또는 인형치료카드, 깔판

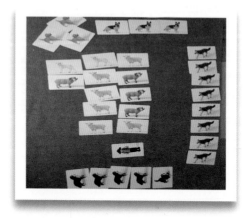

<게임의 기본 형태>

<양 떼와 양치기 그리고 세 무리의 개들>

- 질문 1) 네가 양치기라면 양치기 개들을 어떻게 선택할까?

고용인으로서 양치기는 양치기 개를 선발할 때, 함께 일할 동료인 양치기 개를 어떤 기준에서 선발하는지를 이야기 나누게 된다.

- 질문 2) 네가 개라면 어떻게 양치기에게 선택받도록 자신을 드러낼까?

피고용인의 처지에서 선발을 묻는 것으로 여기선 경쟁의 주제를 다루게 된다. 우리는 언제나 경쟁 속에서 살아야 할 운명이다. 우리 사회에서는 학습의 긴 과정을 마치고 사회로 진입하는 일종에 통과의례와 같은 것이 취업이다. 취업은 단순히 일자리를 갖게 되는 것을 의미하지 않으며 한국적 문화 안에서는 성인으로 비로소 인정받게 되는 통과의례와 같다. 취업이 된 후 독립이 공개적으로 허용되며 결혼을 비롯한 가족생활주기의 시작이 열리게 된다. 경쟁의 주제는 우리에게 취업만이 아닌 입시를 비롯한 다양한 인생의 발달단계에서 직면하게 되는 것이다.

첫 번째 질문은 양치기 개를 선택할 수 있는 권한을 가진 양치기의 시각에서 경쟁을 바라보게 한다. 두 번째 질문은 양치기 개로 선발되기 위해 구체적으로 자신을 스스로 어떻게 드러낼지를 다루게 된다. 일종에 취업이나 테스트를 준비하는 유사한 상황이 재연된다. 아동 또는 청소년의 경우 학교에서 반장선거에 나가는 상황과 연결될 수 있다.

(추가적 질문)

네가 이렇게 무언가 선택받으려고 애를 썼을 때, 성공하거나 실패한 적이 있었는가?

양 떼를 지켜라의 게임 진행 속에서 내담자가 가진 상황과 유사한 것이 있는 경우, 치료 공간에서 상담사와 내담자가 언어적 진술을 통해 말하기를 하도록 촉진한다. 이를 통해 내담자의 문제와 게임의 내용 사이에 동일시가 일어나며 몰입하여 치료적 과정이 일어나게 할 수 있게 한다.

* 퍼펫 사용 : 양치기 개의 후보인 내담자 자신이 양치기에게 자신이 뽑혀야 할 이유를 말하게 한다.

- 질문 3) 늘 먹이가 충분하지 못해 굶주리던 개에게 양치기 개가 되는 것은 매력적인 일이었다. 양치기에게 선택을 못 받은 두 무리 개들의 심정은 어떠하겠는가?

선택받지 못한 개들의 감정에 초점을 맞추어 그들의 입장과 감정에 관해 설명하게 한다. 여기서 내담자의 실패 경험을 은유적으로 다루게 된다. 선택받지 못하고, 시험에서 떨어진 두 무리의 개를 통해 내담자의 실패 경험을 다루게 된다.

- 질문 4) 양치기에게 선택받지 못한 개들에게 충고를 해 준다면 어떤 말을 해주겠는가?

내담자는 선택받지 못한 개들에게 조언을 하게 된다. 보통 내담자는 "힘을 더 키우거나, 숫자를 더 늘리거나, 더 용감해져야 한다"라는 등 조언을 하게 된다. 이러한 과정을 통해 내담자는 실패의 경험에 놓인 자신에게 말을 건넬 수 있다.

* 퍼펫 사용 : 먼저 내담자에게 질문에 대해 자기의 생각을 표현하게 하고, 다음에 상담사는 이것을 손 인형으로 연결 짓는다. 페펫으로 선택받지 못한 개들에게 말하게 한다.

- 질문 5) 양치기가 산 밑으로 내려가자마자 늑대들이 쳐들어왔다. 늑대들의 공격을 받은 개들은 어떡할까?

<양 떼를 사냥하기 위해 양치기 개들을 공격하는 늑대들>

이야기는 도전의 주제를 다루게 되며, 이제 본격적인 게임의 과정에 도달하게 된다. 내담자는 위기 상황에 직면하여 위기를 스스로 해결해야 한다. 양치기 개의 역할을 하는 내담자는 양 떼를 안전하게 보호해야 하는 자신에게 주어진 책임(사회적 역할)과 위험을 회피하고 싶은 본능적인 욕구 사이에서의 딜레마에 놓이게 된다. 책임을 지려는 사회적 역할과 위험을 회피하고 싶은 본능적 욕구는 서로 대극적이다. 내담자가 대극적 상황 속에서 어떤 선택을 하고 대극적 두 요소를 어떻게 통합시키는지는 중요한 진단적 자료가 될 수

있다. 여기서 내담자의 반응에는 크게 세 종류가 있다.

(1) 죽게 되어도 무조건 양 떼를 보호해야 한다.

자기에게 주어진 책임감을 가장 중요하게 본 것으로 사회적 역할에 충실한 유형이다. 가족 또는 집단 안에서 자기에게 부여된 역할에 충실한 유형으로 어떤 타협의 여지 없이 책임감이 강조되는 경우 초자아가 지나치게 발달한 유형으로 여겨질 수 있다. 초자아가 지나치게 발달하여 수치심과 죄책감에 취약할 수 있다. 높은 수치심과 죄책감은 내담자에게 융통성 없게 만들고 정해진 틀 속에서 사고하고 행동하도록 한다.

이러한 대답을 하는 내담자는 보통 사회적 민감성이 높게 나타난다. 사회적 보상 신호인 타인의 칭찬, 찡그림 등과 타인의 감정을 민감하게 파악하기 때문에 사회적 관계가 중요하다. 타인에게 자신의 견해와 감정이 쉽게 영향을 받기 때문에 객관성을 상실하는 경우가 많으며 타인에게 의존적 성향을 보인다.

(2) 사료 때문에 목숨을 걸 필요가 없다. 도망치겠다.

위험을 회피하려는 본능적 욕구에 충실한 유형으로 책임

을 회피하는 유형이다. 가족 또는 집단 안에서 자기에게 주어진 역할을 거부하고 자신의 본능적 욕구에 충실한 유형으로 이드적 부분이 더 활성화될 수 있는 유형이다. 위험을 피하거나 혐오스러운 자극을 거부하는 태도는 본능적 욕구에 속한다. 이러한 유형은 불확실한 상황이나 익숙하지 않은 상황에 대한 두려움이 많고 사회적 상황에서 위축된다. 에너지 수준이 과도하게 낮으며 자주 피곤해하고 쉽게 지칠 수 있다. 다른 사람보다 더 비관적이고, 두려움이 많으며 비판과 처벌에 대해서 민감하다. 위험회피와 더불어 종종 자극추구적 성향도 높을 수 있다. 충동적이고 열정적이면서도 쉽게 지루해하고 자유분방한 사람으로, 감정절제가 어렵거나 규칙이나 규정에 매이는 것을 좋아하지 않으며 좌절된 상황을 견디지 못하는 성향을 갖는다.

여기서 상담사는 내담자의 반응과 대답을 충분히 기다려주는 자세가 필요하며 어떤 대답도 충분히 공감하고 지지해야 한다.

(3) 전략적 사고로 대응한다.

내담자가 단지 자극 – 반응식으로 단순히 대응하기보다 치밀하고 전체적인 시각에서 전략적 사고를 드러내는 경우가 있다. 이러한 내담자는 위기에 대한 대응 능력과 문제 해결 능력이 뛰어난 것으로 평가될 수 있다. 문제와 위기 앞에서 유연하고 융통성 있는 사고를 통해 문제를 해결 할 수 있다. 늑대의 공격에 대해 대응할 때 강아지를 동원하여 대응하는 경우 가족에 대한 신뢰감과 기본적 충성심이 높은 것으로 추정될 수 있다.

(추가적 질문)

(1) 늑대들이 쳐들어온다는 말을 듣고 어떤 심정인가?

(2) 어떻게 위기를 극복할 것인가? 여기서 나의 구체적인 행동은 무엇인가?

(3) 여기서 나에게 가장 두려운 것은 무엇인가?

(4) 여기서 나에게 가장 지키고 싶은 것(소신, 원칙 등 중요한 자기의 우선사항)은 무엇인가?

(5) 여기서 나에게 가장 원하는 소망은 무엇인가?

* 위의 추가적인 질문은 모두 할 필요는 없다. 상황에 따라 상담사는 질문을 선택하여 사용하면 된다.

- 질문 6) 구체적으로 어떻게 위기를 극복할 것인가?

내담자의 전략적 구상을 듣는다. 내담자들은 4가지 유형으로 전략적 구상을 만들어낸다.

(1) 다른 개들과 협력을 하여 늑대들과 싸우겠다.

여기서 내담자가 어떤 전략적 사고를 할지는 그의 위기 대응 과정에서의 패턴을 관찰하게 한다. 무작정 늑대들에게 뛰어들어 장렬하게 죽음을 각오 할 수도 있고, 개들의 협력을 끌어내어 대응할 수도 있고, 아니면 다양한 자원을 활용해서 대응할 수 있다. 내담자가 만들어내는 전략적 구상은 내담자의 위기 대응 패턴을 진단할 수 있는 자료가 된다. 이러한 전략적 사고에서 사고의 유연성과 위기 대응 능력을 상하로 나눌 수 있다면, 이것을 판가름하는 기준은 내담자가 '협력'을 활용하는가 그렇지 않은가로 나누어진다. 위기에 대응하는 전략적 능력에서 가장 주요한 요소가 주변 개무리의 협력을 활용하는가? 아니면 협력을 사용하지 않는가? 로 판단할 수 있다. 세퍼트와 골든리트리버 무리와의 협력을 생각하지 못하는 내담자는 대인 관계 폭이 좁으며 사회적 관계의 기술이 부족한 경우가 많다. 심한 경우 아스퍼거 스펙트럼에 속할 수 있는 내담자이다. 문제를 넓은 시각에서 보지 못하는 내담자일 수 있다.

(2) 늑대들에게 가서 죽을 때까지 최선을 다해 늑대들과 싸우겠다.

늑대들에게 가서 죽을 때까지 최선을 다해 늑대들과 싸우겠다고 대답한 내담자는 기본적으로 높은 책임감과 초자아가 높을 수 있다. 따라서 죄책감과 수치심이 높으며 위기 앞에서 융통성을 발휘하지 못하고 일방적 태도를 고수할 수 있다.

(3) 모든 자원을 동원하여 싸운다.

먼저, 산 밑으로 양치기에게 늑대들이 온 소식을 전달하고, 양들을 방패막이하면서 양들과의 협조 속에서 싸우면서 최대한 시간을 번다.

풍부하고 다양한 전략적 모든 자원을 동원하여 싸운다. 먼저 산 밑으로 양치기에게 늑대들이 온 소식을 전달하고, 양들을 방패막이하면서 양들과의 협조 속에서 싸우면서 최대한 시간을 번다고 진술하는 내담자는 사고의 유연성과 융통성을 가지고 있으며 문제를 넓은 시각에서 볼 수 있다. 또는 높은 책임감으로 자기에게 주어진 역할을 능동적으로 수행할 수 있다.

(4) 늑대들에게 회유하여 양들을 몇 마리 넘기는 조건으로 물러갈 것을 요청하다.

늑대들에게 회유하여 양들을 몇 마리 넘기는 조건으로 물러갈 것을 요청하는 내담자는 사고의 융통성과 현실감각을 가지고 있지만, 초자아가 높지 않다. 윤리적인 틀에서 자유롭고 이해관계 안에서 자기의 이득을 우선시할 수 있다. 특히 생존과 안전의 욕구가 강한 위험 회피적이거나 자기애적인 성향을 가진 내담자들이 여기에 속할 수 있다.

● **질문 7) (만일 내담자 스스로 협력을 구상하였다면) 다른 개들과 협력하기 위해서 어떻게 할 것인가? 어떻게 그들을 설득할 것인가?**

내담자 대부분은 먹이를 나누어준다는 진술을 한다. 이러한 대답과 더불어 구체적으로 설득하기 위해 어떤 대안을 만들어내는 가는 치료적으로 내담자의 평상시 관계의 능력에 대한 좋은 관찰 주제가 된다. 친구를 사귀고 공동의 목표를 진행하기 위해, 어떻게 사고의 유연성을 가지고 접근할지 또는 유연성이 부족하고 흑백의 이분법적 사고에 갇혀있는지를 볼 수 있다.

(추가적 질문)

게임에서처럼 다른 동료들의 협력을 얻기 위해 애를 쓴 적이 있는가?

- 질문 8) 내담자가 스스로 협력을 생각하지 못하면 상담사가 다음의 질문을 한다. 다른 개들과 협력을 하면 늑대들과 싸움에서 이길 가능성이 있다, 협력하기 위해서 어떻게 할 것인가? 어떻게 그들을 설득할 것인가?

* 퍼펫 사용 : 먼저 내담자의 언어적 진술을 경청하고, 그다음에 내담자가 손 인형으로 직접 이웃 개들을 설득하게 한다. 이를 통해 상대방에게 설득하는 기술의 훈련과 자기표현의 가능성

을 촉진한다.

- **질문 9) 다른 개들이 협력을 거부하면 어떻게 할 것인가?**

여기서 내담자는 거절의 상황에 직면하게 된다. 내담자의 입장(양치기 개)에서 주변 개 무리의 협력이 절대적으로 필요하지만, 그들이 거절하게 됨으로써 긴장감은 높아지게 된다. 절망적 상황에서 내담자는 어떤 감정 상태를 나타내며 어떤 대안을 제시하는지는 진단적 의미가 있다. 다른 개들이 제안을 거부한 것에 대해 사실상 적절한 대안은 존재하지 않는다. 그러나 내담자가 이러한 절망적 상황 속에서 어떻게 끈기 있게 또는 사고의 유연성을 통해 접근하는가는 중요한 관찰 대상이 된다.

(추가적 질문)
다른 동료들의 협력을 얻기 위해 애를 쓴 것이 실패한 적이 있는가?

- **질문 10) 주변에 있는 선택 받지 못한 개들은 늑대들의**

공격에 어떤 심정일까?

내담자는 게임 속에서 양치기 개와 자신을 동일시하여 게임을 진행하고 있다. 여기서 양치기에게 선택받지 못하였던 다른 개들의 입장을 살펴볼 수 있다. 주변 개 무리는 위기에 처한 현 상황 속에서 주변인이면서 동시에 실제적인 도움을 줄 수 있는 대상이다. 내담자는 다른 사람들과의 관계 안에서 공유하게 되는 질투와 은근한 시샘, 경쟁자와의 복잡한 역학관계, 자기가 받은 것을 되돌려주고 싶은 마음과 복수심 등을 다루게 된다.

* 퍼펫 사용 : 먼저 내담자의 언어적 진술을 경청하고, 내담자가 퍼펫으로 직접 이웃 개가 되어 자기 심정을 표현한다. 이것을 통해 관계의 역동에서 발생하는 다양한 감정을 드러낼 수 있다.

• 질문 11) 늑대들이 주변 개들에게 전령을 보내어 함께 양 떼를 공격하자고 설득한다. "우리 늑대들만의 힘으로 양치기 개들을 충분히 이기고 양 떼를 잡아먹을 수 있지만, 함께 하면 더 좋을

것 같다." "참여하면 기꺼이 양들을 나눠줄 것
이다." 늑대들이 "우리 함께 공격해서 같이 양
들을 먹자"라는 제안에 개들은 설득당한다. 이
제 세 곳에서 쳐들어온다. 어떻게 할 것인가?

<두 무리의 개들과 함께 늑대들이 양치기 개들을 공격>

게임에서 가장 최악의 파국적 상황이 연출된다. 내담자는
혼란에 빠지게 된다. 사면초가의 상황 속에서 내담자는 어떤
선택을 하는가는 중요한 진단적 자료가 될 수 있다. 내담자
의 대답은 크게 두 가지 분류로 나누어진다.

(1) 절망적 상황을 인정하고 도망간다.

절망적 상황을 인정하고 도망간다고 대답한 내담자는 자기에게 주어진 책임을 벗어 던지고 먹이에 목숨을 걸 수 없다고 하면서 도망을 선택한 것이다. 여기서 내담자의 위험 회피적인 성향이 나타난 것이며 관계 안에서의 책임과 의무라는 초자아의 주제로부터 쉽게 벗어나서 자기에게 이로운 현실적 행동을 선택할 수 있음을 나타내는 것일 수 있다.

임상 현장에서 병리적 진단이 나온 내담자들의 상당수는 무책임하게 도망가거나, 늑대들에게 양을 바치는 등 자기의 의무와 책임에 대해 소홀하다. 다시 말해서 역할의 페르조나 보다는 자기 자신의 안전이 중요하며 의무와 책임감과 안전과 생존의 욕구를 잘 통합시키지 못하는 것을 나타내준다.

(2) 끝까지 목숨을 걸고 싸운다.

끝까지 목숨을 걸고 싸운다고 대답한 내담자는 초자아가 높으며 책임감과 의무감이 높다. 자기의 파멸이 다가오는 상황 속에서 자기의 책임을 다하려는 자세는 희생적 모습이다. 이러한 자세는 관계와 집단 안에서 희생적 역할을 떠맡을 수 있으며 높은 초자아로 인해 고통을 받을 수 있다.

- 질문 12) 늑대들이 양치기 개들에게 양 몇 마리만 넘기
  면 물러갈 것이라고 협상을 제안한다.

  절망적 상황에 놓인 양치기 개들에게 늑대들의 제안은 대
단히 매력적인 타협의 가능성을 갖는다. 양치기 개들의 처지
에서 도저히 싸움으로는 해결이 되지 않는 상황에서 늑대들
이 먼저 협상을 제안한 것으로, 역설적으로 양치기 개들의
처지에선 매우 곤란한 질문이 된다. 이러한 질문에 크게 두
가지의 대답이 나올 수 있다.

  (1) 제안을 받아들이고 몇 마리의 양들을 늑대들에게 넘긴다.
  이것은 현실적 대안을 선택한 것으로 위기에서 융통성을
발휘하는 특성을 갖는다. 반면에 책임감과 의무에 지나치게
얽매이지 않는 자유로운 성격적 특성을 나타낸다. 늑대들이
몇 마리의 양을 넘기면 물러난다는 말에 절망적 싸움을 하
게 된 상황을 해결하려고 받아들이지만, 정작 늑대들이 약속
을 지킨다는 보장은 없다. 또한, 양들을 넘겼다는 사실을 양
치기가 알면 비난받을 수 있다.

(2) 제안을 거부하고 싸운다.

이것은 현실적인 타협의 가능성을 받아들이지 않는 것으로 융통성이 부족함을 나타낼 수 있다. 강한 의무와 책임감을 갖고 있으며 초자아가 높은 성격적 특성을 갖는다. 늑대들이 갖는 불확실성과 악마적 특성은 타협의 지속성과 신뢰를 어렵게 한다. 따라서 제안을 거부한다고 해서 모두 융통성이 부족한 것은 아니다.

- 질문 13) 다른 무리의 개들과 협력이 이루어지고, 양치기 개들이 최선을 다해서 지켰고 그런 분위기에 주눅이 들어 늑대들이 물러갔다. 얼마 후 양치기가 돌아왔다. 양치기가 양치기 개들이 최선을 다해 지켜 양들이 무사한 것을 알게 되었다. 이때 양치기는 어떻게 행동하겠는가?

모든 것에는 보상이 주어진다. 보상의 법칙은 자연의 한 법칙이다. 양 떼를 지킨 양치기 개들에게 주어질 보상은 당연하고 오히려 필요한 것이다. 양치기는 수고한 개들에게 어떤 보상을 하며 칭찬을 할 것인가를 묻는 질문이다. 양을 지킨 개들을 칭찬하고 더 많은 먹이를 제공한다는 것이 대부분의 대답이다. 하지만 특이하게도 별 보상을 하지 않는다는 내담자도 있다. 이런 경우 정당한 보상을 받지 못했던 내담자의 경험이나 주고받음에서 발생하는 정당한 보상에 대한 신뢰성의 부족이 나타난 것이다.

- 질문 14) 양치기가 양들을 지킨 보상으로 무엇을 줄 것인가?

양치기 개들이 수고한 대가를 받는 시간으로 먹이와 칭찬, 휴식 등이 제공된다. 또는 사랑, 인정과 같은 것도 제공될 수 있다.

- 질문 15) 양치기가 양치기 개들에게 보상을 안 주면 어떻겠는가?

내담자는 이러한 질문에 당황하고 분노를 느끼게 된다. 정당한 대가를 주는 것은 우리의 세계에서 중요한 질서의 법칙에 속하는 것으로, 내담자에게 도전적인 질문이 된다. 또한 정당한 보상을 주지 않는 행위 속에서 자기가 과거에 겪었던 경험이 재현될 수 있다. 특히 부모와의 관계, 교사를 비롯한 권위자와의 관계에서의 주제가 드러날 수 있다.

(추가적 질문)

- 무언가 애를 썼지만, 이것에 대한 충분한 보상을 받지 못한 경우가 있었는가?

• 질문 16) 양치기가 오해를 하고 양치기 개들이 열심히 하지 않았기에 늑대들이 쳐들어왔다고 보고, 오히려 최선을 다해서 양을 지킨 개들을 혼낸다면 어떻겠는가?

이러한 질문에 내담자는 감정적으로 최고조의 긴장감을 경험하게 된다. 보상을 받아야 할 상황에서 오히려 혼나고 비난받는 상황이 된 것이다. 이러한 상황은 인정과 칭찬의 문제를 떠나 억울함과 분노의 감정을 일으키게 한다. 내담자는 사회적 관계 안에서 발생할 수 있는 부당한 상황에 직면하면서 자신의 대응 방식을 드러내게 된다. 부당함과 억울함이라는 부정적 감정에 직면한 내담자는 크게 두 가지로 대응을 한다.

(1) 억울하지만 받아들인다.

보상이 안 주어지는 억울한 상황을 받아들이는 것은 유형은 크게 두 가지 분류로 나누어질 수 있다. 먼저 학습된 무기력한 상태인 사람으로 무기력하고, 자신감이 없고, 쉽게 지치는, 의욕이 없는 사람이다. 두 번째는 정반대 강한 의욕과 에너지를 가지며 포기하지 않는 인내력을 가진 사람이다. 후자에 속한 사람은 기본적으로 초자아가 높으며, 수치심과 죄책감이 높다. 사회적 민감성과 인내력이 높은 유형이다. 이 유형의 사람은 지속적인 강화가 없더라도 한 번 보상된 행동을 일정한 시간 동안 꾸준히 지속하려는 경향을 보인다. 끈기가 있으며 좌절과 실패에도 불구하고 꾸준히 포기하지 않고 노력한다.

(2) 양치기에게 어떤 식으로 복수를 한다.

복수에는 능동적, 수동적 형태가 존재한다. 양치기에게 복수하기 위해 신체적, 정서적, 경제적으로 해를 끼치는 등 직접적으로 공격하는 것은 능동적 공격이다. 원한을 품거나 교묘하게 잊어버리거나 고집을 피우고, 그냥 말없이 떠나거나 아무 일을 하지 않는 것은 수동적 공격이다. 자극추구적인 성향이 높고 용서를 잘하지 못하며 관대함이 부족하다. 모욕이나 부당한 대우에 대해 적극적으로 싸우려는 경향을 보인다.

임상 현장에서 병리적 진단이 나온 내담자들의 상당수는 양치기를 공격하는 경향을 나타낸다. 자신을 힘들게 한 양치기에게 적개심을 드러내며 이를 통해 자기에게 주어진 의무와 책임감과 안전과 생존의 욕구를 잘 통합시키지 못하는 것을 나타내준다.

(추가적 질문)

– 무언가 애를 썼지만 이것에 대한 충분한 보상을 받지 못할 뿐 아니라 배신으로 결과가 돌아온 적이 있는가?

• **질문 17) 양치기와 양치기 개가 다시 잘 지내려면 어떻게 해야 하는가?**

갈등상태에 들어간 양치기와 양치기 개가 어떻게 화해하여 다시 서로 협력할 수 있는지에 관한 질문이다. 내담자가 갈등상태에서 어떻게 화해를 다루는지를 탐색하고 더 나아가 자신을 객관적으로 관찰할 수 있게 한다. 문제 해결 능력의 근본적인 핵심은 어떻게 화해를 이루어 협력을 다시 형성하는지에 달려있다. 협력의 기술은 요아힘 바우어(Bauer, 2010)의 말처럼 '인간의 비밀 병기'에 속하는 능력이다. 상담사는 여기서 협력의 가능성을 촉진해야 한다.

- **질문 18) 여기서 가장 네가 끌리는 역할은 무엇인가?**

양치기, 주변 개 무리, 양치기 개, 늑대 등 4명의 인물 중에서 가장 되고 싶은 역할을 설명하게 한다. 가장 끌리는 대상은 일종에 자기 대상이거나 소망하는 대상일 수 있다. 또한, 이것은 퍼펫을 사용하기 위한 자기 대상 인물이 된다.

- **질문 19) 여기서 가장 마음에 들지 않는 것은 무엇인가?**

가장 좋아하는 것과 가장 싫어하는 것을 서로 대비시키는 질문이다. 이를 통해 내담자가 끌리는 역할과 그렇지 않은 역할에 관해 이야기를 나눌 기회를 얻는다.

- **질문 20) 여기에 등장하는 인물 중에 누가 너 자신과 같은가?**

게임 중에 가장 동일시되었던 인물이 무엇인지를 통해 내담자의 관계 역할을 진단할 수 있다. 내담자가 양을 선택하게 되면 아무런 역할을 하지 못하는 양을 통해서 수동적이고 회피적, 의존적 자세가 드러난다. 양치기 개로 선택하면 스스로 인생의 주인공이라는 자아의식이 있으며, 책임과 의무를 필요로 한 일에 대한 명확한 책임 의식을 가진 것으로 나타난다. 늑대를 선택한다면 파워의 주제가 드러난다. 상대를 공격하고 파괴를 할 수 있는 존재인 늑대를 통해 관계 안에서의 힘의 주제를 나타낸다. 양치기로 선택하는 것은 게임 속 등장인물 중 가장 강력한 힘을 가진 존재로 게임체인저 같은 역할이다. 일종의 게임 세계 안에서 전능한 힘의 소유자로 인식될 수 있기에 양치기로 선택한다는 것은 강력한 주도권과 통제의 욕구가 표현될 수 있다.

- 질문 21) 주변에서 양 떼를 틈만 나면 공격하려는 늑대와 같은 사람이 있거나, 내 인생의 늑대는 무엇인가?

양 떼를 지켜라의 메타포를 활용한 것으로 이야기 속에서 악한 존재이고 두려움과 공포를 나타내는 늑대와 같은 존재가 내담자의 일상 속에서 있는지를 탐색하여 직접적인 내담자 자기 삶의 이야기를 나눌 수 있다. 또한, 내담자 자신의 인생의 늑대는 구체적인 특정 인물이기보다는 잘못된 습관, 왜곡된 인지, 특정 환경 등으로 은유적으로 표현될 수 있다.

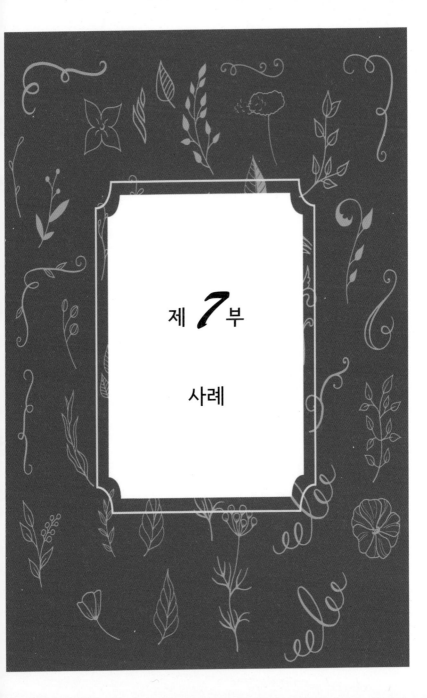

제 **7** 부

사례

명수는 중학교 1학년 남학생이다. 교우관계가 활발하지만 최근 학습 부진으로 부모가 염려하고 있는 상태였다. 어떤 문제 행동이 드러나지는 않았지만, 상담을 공부한 어머니의 염려로 상담을 하게 되었고 본 치료모델을 적용하였다.

● **질문 1) 네가 양치기라면 개들을 어떻게 선택할까?**

내담자: 산 위에 사는 개들도 모두 먹고살아야 해요. 다 함께 잘 사는 게 더 좋을 것 같아요.

상담사: 실력 있고 용감한 개가 아닌 평등하게 살게 하는 것이 중요하구나.

내담자: 개들 모두 먹고살아야 해요. 다 함께 잘 사는 것이 양치기에게도 좋아요.

마음에 공평성과 평등적인 사고가 드러난다.

● **질문 2) 네가 개라면 어떻게 양치기에게 선택받도록 자신을 드러낼까?**

내담자: 사료도 많이 먹지 않고, 열심히 양 떼를 지킬 수 있는 개라고 하겠어요.

- 질문 3) 늘 먹이가 충분하지 못해 굶주리던 개에게 양치기 개가 되는 것은 매력적인 일이었다. 양치기에게 선택을 못 받은 두 무리개의 심정은 어떠하겠는가?

내담자: 모든 게 끝난 것 같아요. 일거리가 없는데 선택을 못 받다니... 마음이 찢어져요. 의기소침 정도가 아닌 세상이 끝난 것 같은 마음이 들 것 같아요. 내가 똥 같은 대학에 들어가면 내 미래는 없어요.

여기서 자신이 대학 입시에서 느끼는 감정을 동일시했다. 자기가 원하는 대학에 들어가지 못하면 자기의 인생은 끝이라고 단정적으로 받아들이고 있다. 실패에 대한 두려움은 엄청난 중압감으로 다가오고, 오히려 더 못 하게 할 수 있다.

내담자: 시험에서 떨어진 거잖아요. 내가 무엇이 부족했나, 좀 더 열심히 해야 했어야 한다며 자책하고 있을 것 같아요. 모두 떨어진 거면 괜찮지만, 누구는 합격하고 누구는 떨어진다는 것은 힘든 일이에요.

상담사: 혹시 명수도 이런 처지에 놓인 적이 있나요?

내담자: 요즘은 언제나 떨어지는 것 같아요. 시험 볼 때마다 성적도 예전보다 더 떨어지고.

상담사: 그렇게 떨어졌을 때 마음이 어땠어요?

내담자: 우울하고 힘들었어요. 계속 내가 왜 그랬을까? 좀 더 노력하거나 아예 선거에 나가지 말걸. 계속해서 후회하고 자책을 하였어요.

상담사: 당시 많이 힘들었겠구나.

- **질문 4) 양치기에게 선택받지 못한 개 무리에게 충고해 준다면 어떤 말을 해주겠는가?**

내담자: 자신의 못난 점을 알아야 해요. 주제를 파악해야 해요. 선택받은 개들은 단지 숫자가 많다는 이유로 선택되었는데 그들은 금수저들이에요.

현실에 대한 체념과 자포자기의 자세가 드러난다. 현실은 어쩔 수 없어. 내 주제를 파악해야 한다는 의기소침과 무기력이 드러난다.

- 질문 5) 양치기가 급한 일이 생겨 산 밑으로 내려가야 했다. 내려가자마자 늑대들이 쳐들어왔다. 늑대들의 공격을 받은 개들은 어떠할까?

내담자: 지금 양치기가 산 아래로 내려가서 자기들만 있는데 당황하겠어요. 어떻게 양치기 없이 늑대로부터 양들을 지킬지 고민할 것 같아요. 양치기가 있으면 총이나 활로 늑대들을 쫓아낼 수 있는데 지금은 어려우니. 어떻게 하지, 어떻게 해야 하나 고민해요. 그렇게 고민하다가 양치기 개들은 작전을 짤 것 같아요.

상담사: 처음에는 당황하지만 양 떼를 지키기 위해서 애를 쓰는구나?

내담자: 맞아요. 양치기 개라면 양들을 지켜야 해요. 최선을 다해서요.

- **질문 6) 구체적으로 어떻게 위기를 극복할 것인가?**

명수는 인형을 잡고 자기의 작전을 실행에 옮긴다.

명수는 순식간에 두 마리의 개를 늑대 근처에 세우고, 둘이 각자 늑대들을 유인한다.

이 두 마리의 개는 다른 개들이 있는 곳으로 늑대들을 유인해서 늑대와 다른 개 무리가 싸움하도록 유인하고 자기들은 빠져나와서 본체와 합류한다.

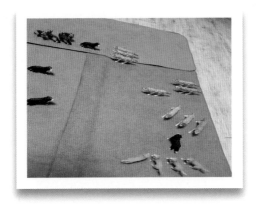

본체에 돌아온 개들은 많은 숫자로 남은 늑대들과 싸움을 벌여 양들을 지켜낸다. 이때 두 마리의 어린 강아지들도 힘을 합쳐서 양들을 산 아래 양치기에게 가서 이 소식을 알리고 데려오며 어른 개들은 늑대와 싸운다고 하였다.

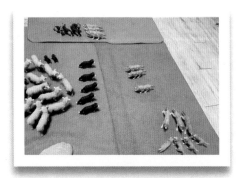

명수는 위기의 대응에서 전략적 방법을 구사하였다. 나름대로 전략을 통해 양들을 지키려고 하였다. 이렇게 해서 양치기 개들은 양들을 지킬 수 있다고 확신하였다.

명수는 위험을 회피하려는 본능적 욕구를 억누르고 자기의 책임과 의무에 충실한 모습을 보여준다. 게임에서 명수의 대응은 놀라울 정도로 전략적이었다. 현 상황에서 양치기 개들이 할 수 있는 최고의 전략을 찾아냈다. 여기서 특이한 점, 늑대들을 양치기 개들만으로는 물리칠 수 없다. 다른 무리의 개들과의 협력이 필요한데 명수는 협력보다는 유인작전을 통해 다른 무리의 개와 늑대들이 싸우도록 하였다. 협력은 하루아침에 단번에 이루어질 수 있는 것이 아니다. 가장 전략적 선택이며 명수의 판단이 옳을 수 있다. 그러나 일정한 목표를 위해 수단과 방법을 가리지 않고 다른 무리의 개들을 위험에 빠지게 하는 행위를 서슴지 않고 하는 모습에서 대단히 목표지향적 성향이 드러난다.

- 질문 7) 다른 개들과 협력을 하여 늑대들과 싸우는 방법이 있으며 이를 위해 어떻게 하겠는가?

치료모델에서 위기를 극복하기 위해 다른 무리의 개와의 협력은 매우 중요한 사항이다. 내담자가 이 부분을 다루지 않으면 상담사가 이 부분을 일깨워주고 다루어야 한다.

내담자: 개들에게 찾아가서 늑대들이 양들을 다 잡아먹으면 다음은 너희가 되니, 함께 늑대들을 공격하자고 말할 것 같아요. 나중에 양치기가 돌아오면 너희들에게도 보상이 있다고 말해요.

명수는 다른 무리의 개들을 끌어들이기 위해 협박과 회유라는 두 가지를 통해 개들의 협력을 끌어내려고 한다. 이 부분에서도 대단히 목표성취를 위해 전략적 사고를 하는 모습이 드러난다.

- 질문 8) 다른 개들이 협력을 거부하면 어떻겠는가?

내담자: 개들이 협력을 거부하면 협력을 포기하겠어요.

상담사: 그냥 포기하겠다는 거니?

내담자: 네. 개들도 생각이 있고 자기들의 판단으로 제 제안
이 별로라고 여기는데, 계속해봤자 소용이 없을 것
같아요.

명수는 목표를 위해 치밀한 전략적 사고를 하지만 주어진
결과를 바로 받아들이고 순복하는 모습을 보여준다.

- 질문 9) 주변에 있는 선택 받지 못한 개들은 늑대들의
공격에 어떤 심정일까?

내담자: 탈락해 슬펐는데, 부러웠던 마운틴도그가 힘들어지
는 것을 보고 다행이라고 생각할 것 같아요

- 질문 10) 늑대들이 다른 무리의 개들에게 찾아가서 양
떼를 공격하는 데 참여하면 양들을 나누어주
겠다고 회유한다. 개들의 처지에선 양치기 개

들과 협력하는 것보다 이 제안이 훨씬 덜 위험한 제안일 것이다. 늑대들의 수와 개들의 숫자는 양치기 개의 숫자를 완전히 압도한다. 그래서 늑대들이 다른 무리의 개들과 함께 쳐들어온다. 완전히 최악의 상황이 되었는데 어떻게 하겠는가?

위 질문은 최악의 상황에 놓이게 되는 것을 의미한다. 이 상황에서 어떤 방법도 소용없다. 이러한 파국적 상황 앞에 내담자가 어떤 결정을 내리는지를 관찰하면, 문제 해결 능력을 평가하고 또한 이것을 촉진하게 하는 중요한 자료가 된다.

내담자: 도저히 협력도 어려워지면 양 떼들의 도움을 받아서 양들과 함께 협력하여 늑대들과 싸울 거예요. (아래의 사진은 명수가 공격해온 늑대들과 다른 무리의 개들과 싸우는 모습을 표현하였다.)

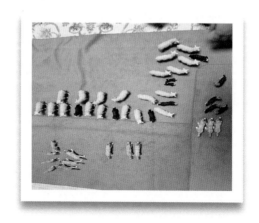

● 질문 11) 양치기 개들에게 늑대들이 와서 한가지 협상을 제안한다. 양 몇 마리만 넘겨주면 물러가겠다는 제안을 하면 어떻게 할 것인가?

의무와 책임 의식을 물어보는 질문이다. 동시에 현실 의식과 한계점에 대한 융통성을 물어본다.

내담자: 늑대들이 몇 마리 양들을 넘기면 물러간다는 제안은 결국은 양을 희생하게 되는 것이에요. 저는 양의 일

부도 희생할 수 없어요. 저는 공격해온 늑대들과 협상하는 것 자체가 말이 안 된다고 생각해요. 차라리 양들을 지키기 위해서 개들이 일부 상처를 입거나 죽을 수는 있어도 양들을 희생할 수는 없어요.

책임감과 의무감에 지나치게 충실한 자세를 보인다. 이러한 책임감과 의무감은 자기희생을 감수할 수 있다는 것으로 나타난다. 내담자는 높은 초자아의 상태를 보여주며 이러한 자세는 관계와 집단 안에서 희생적 역할을 떠맡을 수 있으며 높은 초자아로 인해 현실 속에서 융통성이 부족할 수 있다.

- 질문 12) 다른 무리의 개들과 협력이 이루어지고, 양치기 개들이 최선을 다해서 지켰고 그런 분위기에 주눅이 들어 늑대들이 물러갔다. 얼마 후 양치기가 돌아왔다. 양치기가 양치기 개들이 최선을 다해 지켜 양들이 무사한 것을 알게 되었다. 양치기는 어떻게 행동하겠는가?

내담자: 아마도 수고했다고 사료를 더 줄 것 같아요. 잘해주
겠죠.

상담사: 명수는 어떤 보상을 원하니? 전 어떤 음식보다는
사랑이요. 계속해서 사랑해주는 것을 원해요.

> 보상은 모든 자연의 법칙에 존재하는 기본 법칙이다. 여기
> 서 보상을 기대할 수 있는 내담자와 보상을 전혀 기대하
> 지 않는 내담자들이 있다. 명수는 보상을 기대한다는 것은
> 부모와의 기본적 신뢰감이 있으며 안정적 관계성을 갖는
> 다는 것을 의미한다. 여기서 특이한 점은 음식보다는 사랑
> 을 원한다는 명수의 대답이다. 아마도 이 대답은 양치기
> 개와 동일시되어 부모에게 원하는 내용 일 듯하다.

- **질문 13) 양치기가 양치기 개들에게 보상을 안 주면 어
  떻겠는가?**

> 위 질문은 내담자에게 최고조의 긴장감을 유발하게 하는
> 전 단계이다.

내담자: 저는 화가 나서 자살할 것에요. 이럴 때면 나도 내가 무서워요. 나는 사이코패스고 무서운 사람이에요.

상담사: 많이 화가 나는구나.

내담자: 화가 나는 정도가 아니에요. 이럴 때 저는 못 참아요.

여기서 양치기는 내담자에게 부모와 같은 권위자와 동일시된다. 부모가 보상하지 않을 때 내담자가 느낄 감정의 폭발을 엿볼 수 있다. 명수는 높은 책임감과 의무감을 가진 초자아가 높지만 자기의 부모 역시 높은 수준의 초자아의 모습을 기대하고 있다. 초자아의 행동을 하지 않고 부당하게 행동했을 경우 에난치오드로미아 수준의 대극의 반전이 나타난다.

- 질문 14) 양치기가 오해를 하고 양치기 개들이 열심히 하지 않았기에 늑대들이 쳐들어왔다고 보고, 오히려 최선을 다해서 양을 지킨 개들을 혼낸다면 어떻겠는가?

위 질문은 내담자에게 최고조의 긴장감을 유발하게 한다. 이 질문은 내담자에게 감정적으로 한계 사항으로 이끈다.

내담자: 억울하지만 죄송하다고 말할 거에요. 생각해보면 양치기 개들도 늑대의 출현을 막지 못한 책임이 있어요. 혼날 수도 있어요.

보상을 주지 않을 때 흥분하고 화를 내다가, 오히려 보상이 아닌 혼이 나는 장면에서는 바로 꼬리를 내리고 순응하는 제세를 보인다. 그리고 오히려 양치기의 입장을 두둔하며 자기의 책임을 적극적으로 인정한다. 권위자에 대한 복종과 지나친 자기에 대한 엄격함이 드러난다. 권위자의 부당함에 대해 내담자는 합리화의 방어기제를 통해 자신의 처리를 보호하고 권위자를 보호하는 모습을 보인다.

- 질문 15) 양치기와 양치기 개가 다시 잘 지내려면 어떻게 해야 하는가?

내담자: 양치기가 먼저 양치기 개들에게 다가와서 사과를 해야 해요. 미안하고, 오해했다고.

- 질문 16) 여기에 가장 네가 끌리는 역할은 무엇인가?

내담자: 나는 세퍼트이에요. 양치기에게 선택받지 못한 세퍼트. 아직 나는 양치기 개로 진입을 못 한 세퍼트에요. 수학만 잘하면 진입할 수 있어요.

상담사: 여기에 등장하는 인물 중에 가장 와 닿은 것이 선택받지 못한 세퍼트구나.

내담자: 저는 선택받기에는 아직 준비가 안 되었어요.

게임의 여러 등장인물 중에 주류가 아닌 아웃사이더에 속한 세퍼트와 동일시하는 것을 통해 자신감과 열등감의 상태를 표현하고 있다. 특이한 점은 수학만 잘하면 주류에 속할 수 있다는 말을 통해 자기가 계속 노력 중이며 무대의 주인공이 되도록 애를 쓰고 있다고 표현하였다.

- 질문 17) 여기서 가장 마음에 들지 않는 것은 무엇인가?

내담자: 양이에요. 양들은 지금 온통 난리가 났는데 아무 생각 없고 너무 힘이 없어요.

- 질문 18) 주변에서 양 떼를 틈만 나면 공격하려는 늑대
와 같은 사람이 있거나, 내 인생의 늑대는 무
엇인가?

내담자: 나에게 개는 마음의 양심이에요. 늑대는 나를 유
혹하는 유혹자에게요. 양은 내 자신이고 내 미래
에요. 내 미래를 늑대들이 유혹하고 있어요. 개들
이 지키지만 늑대의 힘이 너무 커서 힘들어요.
늑대가 내 마음에 3만 마리나 있어요.

상담사: 늑대는 널 언제나 유혹해서 어려움에 부닥치게
만드는 수많은 생각 또는 유혹들이구나.

내담자: 맞아요. 어느 때는 핸드폰이고, 나쁜 친구고.

내담자는 자신을 늑대의 공격에 취약한 양으로 인식하고
늑대들의 공격이 너무 심하다고 하면서 현재의 갈등을 표
현하였다. 지금 상담실에 오게 된 분명한 이유를 다루게
된 것이다.

명수는 게임을 마칠 무렵 스스로 인형을 아래의 모습으로
세웠다.

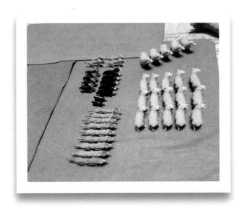

명수는 질서를 좋아하고 분명한 경계를 세우고 싶어 한다. 어떻게 마음속에 깊이 존재하는 질서로 일상의 세상으로 나오게 할 것인가? 이 부분이 치료적 목표가 될 수 있다.

* 치료적 해석

명수는 공평함과 평등적 협력을 추구하지만 양들을 지키기 위해서 최선을 다하며, 전술적 작전을 통해 양들을 지키고 다른 개들과 협력 가능성을 열어두었다. 살기 위해 양들을 늑대들에게 일부 희생하는 선택보다는 싸우고, 다른 개들과 협상하는 것을 선택하였다. 양들을 지켰을 때 양치기가 돌아와서 보상을 줄 것이라 믿었다. 그 보상은 물질적인 것보다 사랑이라고 대답하였다. 양치기에 대한 신뢰감이 존재한다. 양치기가 보상을 줄 것을 예상하였다. 이를 통해 부모 또는 권위자에 대한 신뢰감이 존재하며 이들에게 바라는 것은 물질적인 것이 아닌 사랑이라는 것을 밝혔다. 위기의 대응에서 머리를 써서 전략을 구사하였다. 어떤 위기 상황 속에서 머리를 쓰며 상황을 헤쳐나가기 위해 구체적인 방법을 찾아내려는 모습이 드러난다. 싸움을 피하고자 일부 양들을 희생할 수 있지 않냐는 제안을 거부하고, 싸움해서 비록 개들이 다치거나 죽더라도 협상할 수 없다고 한 것을 통해 관계에서 신뢰감을 중요하게 여기고 있음이 드러났다. 개들이 희생하더라도 책임을 완수하려는 의지를 보인다. 권위자에 대한 충성과 신뢰가 단단하였다.

다른 개들과의 협상 가능성을 열어두어 갈등의 대상과도 필요하면 화해할 수 있다는 유연함을 보여주었다. 개들이 늑대들을 물리칠 수 있다고 긍정적으로 상황을 바라보았다. 이를 통해 긍정적 사고의 패턴이 있음이 드러났다. 어린 강아지도 싸움에 뛰어들어 어른 개들을 돕는 것을 묘사함으로 가족에 대한 충성도가 높음이 드러난다. 하지만 문제를 제대를 풀지 못하면 급격하게 자포자기 체념상태로 들어간다. 자기비하와 자기학대의 모습이 드러난다.

제 *8* 부

'양 떼를 지켜라'
문제 해결 인형치료와
퍼펫(Puppet)

'양 떼를 지켜라' 문제 해결 인형치료

1. 치료적 도구로서의 퍼펫

멜 깁슨이 주인공으로 나온 영화 '더 비버'는 우울증으로 가족, 회사 안에서 소통의 문제를 가진 남자가 나온다. 비버 퍼펫을 통해 가족과 회사 동료들과 소통하게 되는 영화이다. 비버 퍼펫을 통해 자기를 표현하게 되는 멜 깁슨을 보면서 임상 현장에서의 퍼펫의 치료적 의미를 생각하게 된다. 퍼펫은 최근에 사용하게 된 인형 기법이 아니다. 전 세계적으로 정서적 투사의 도구였던 인형은 현대의 핸드 퍼펫 모양은 아니지만, 지금의 퍼펫의 활용과 유사하게 활용됐다.

인형은 신화와 전설, 민담과 관련된 이야기를 전달해주고 부족 의식과 종교의식을 향상하는 데 사용되었다. 여기서 퍼펫은 무엇보다 재미를 주며, 활기찬 생명력을 느끼게 해주었다. 퍼펫은 인간이나 신적 존재처럼 말하고 움직이기 때문에, 사람들은 그들과 동일시하고 퍼펫에게서 자신 또는 자신의 일부를 보게 된다. 퍼펫은 의사소통을 활성화하여 사용자 내면의 정신 상태를 물리적인 형태로 변환하고, 모든 연령대의 사람들을 환상과 기쁨의 세계로 이동시킨다(Drewes & Schaefer, 2018).

3천 년 넘게 퍼펫은 전 세계의 성인들에게 보편적으로 사용됐으며, 신화와 전설과 관련된 정보를 전달해주고 재미를 주며, 부족 의식과 종교의식을 향상하는데 사용되었다 (Drewes & Schaefer, 2018). 활기찬 대상들이 생명력 있게 다가오는 것을 지켜보는 것에 대한 마법적이면서도 멋진 무언가가 있다. 퍼펫은 인간처럼 말하고 움직이기 때문에 사람들은 그들과 동일시하고 퍼펫에게서 자신 또는 자신의 일부를 보게 된다(Drewes & Schaefer, 2018). 퍼펫은 의사소통을 활성화하여 사용자 내면의 정신 상태를 물리적인 형태로 변환하고, 모든 연령대의 사람들을 환상과 기쁨의 세계로 이동시킨다. 퍼펫은 전형적인 어린 시절의 놀잇감이다. 상상력을 자극하는 힘은 현대의 전자 장난감들이 도저히 흉내 낼 수 없다.

퍼펫 치료는 진단 및 치료 목적으로 정신건강 전문가가 퍼펫 인형을 사용하는 놀이치료의 한 형태이다. 퍼펫 놀이치료는 현대 아동심리치료에서 주로 활용되고 있다. 또한, 퍼펫을 사용한 치유와 발전이 촉진되어 최근 몇 년 동안 광범위하게 확장되었다. 퍼펫은 이제 유아기부터 노년기에 이르기까지, 인간의 생활주기 전반에 걸쳐 효과적으로 적용되고 있다. 1930년대가 되어서야 정신건강 전문가들이 아동의 진단 및 치료 목적으로 퍼펫의 가치를 탐구하기 시작했다. 인형극을 사용하여 정신병동의 아동들이 자유롭게 표현하도록 돕고, 퍼펫을 통해 투사된 동일시 과정으로 문제에 대한 해결책을 찾고자 하였다. 인형극은 경쟁이나 공격적인 표현과 같은 아동들이 흔히 경험하는 주제나 갈등을 바탕으로 한 줄거리를 포함하고 있다. 아동들은 퍼펫 캐릭터가 표현하는 갈등과 문제에 대해 해결책을 제공하도록 요청받고 이러한 해결책들이 치료의 기초로 사용되었다.

2. 문제 해결을 위한 퍼펫

퍼펫들은 전 세계의 오락거리로 사용되었고, 심지어 디지털에 사로잡힌 시대에도 폭넓은 인기를 유지해왔다. 다양한 문화권 속에서 나이를 초월해서 퍼펫의 매력은 많은 영역에서 그리고 놀랄 것도 없이 심리치료에서 점점 더 많이 사용되고 있다. 사람, 동물, 상징적인 캐릭터가 등장하는 재미있는 이러한 놀이들이 보통 흥미를 주지만, 그들은 또한 충격적일 정도로 실제적이다. 진짜이지만 진짜가 아닌 인형극은 마음속을 꿰뚫어 보듯 인간의 상태에 대한 통찰을 연기할 수 있지만 또한 '실제인 것처럼' 상상하기 쉽다. 그리고 이러한 역설 속에는 심리치료에 대한 가치의 핵심이 있다(Drewes & Schaefer, 2018) Drewes(2018)는 퍼펫이 아동과 청소년 내담자의 문제 해결 능력을 촉진 시킬 수 있다고 말한다. 상담사의 '도우미' 퍼펫은 내담자가 당면한 문제를 해결하는 방법을 제시할 수 있다. 또한, 퍼펫 치료에서 다른 역할들을 놀이하면서도 내담자는 실제 문제에서의 해결책을 찾을 수 있다고 말한다(Drewes & Schaefer, 2018).

3. '양 떼를 지켜라' 치료모델과 퍼펫

본 치료모델은 원형적 이야기의 흐름을 갖고 있다. 경쟁 - 도전 - 문제 해결 - 보상이라는 이야기 구조는 다양한 은유를 만들어내며 이것을 활용해서 퍼펫으로 치료 놀이를 할 수 있다.

내담자는 퍼펫을 가지고 이야기 속에서 몰입된 주제에 대해 투사를 경험하게 된다. 상담사는 내담자가 양 떼를 지키는 이야기 속에서 자신과 동일시되는 은유를 찾을 수 있으며 이것은 퍼펫 놀이를 위한 스토리텔링의 구실을 하게 된다. 상담사는 퍼펫을 사용하기 위해 먼저, 내담자가 동일시되어서 몰입된 은유와 대상을 구체적으로 파악해야 한다. 파악되었다면 선택된 은유를 통해 감정의 초점과 특정 장면의 연출을 통해 창조적인 의사소통이 가능하다. 예를 들어 내담자가 양 떼를 지켜야 하는 책임을 지고 있는 양치기 개에 집중되어 있다면, 상담사는 다음과 같이 내담자에게 질문할 수 있다. "지금 늑대들의 공격을 받는 양치기 개의 기분은 어떨 것 같니?"라며 양치기 개의 감정에 초점을 맞추어 진행한다. 양치기 개가 동료 개들을 설득해서 함께 늑대와 싸우자는 장면을 활용해서 양치기 개 퍼펫을 가지고 실제로 설득하게 하는 장면을 연출할 수 있다.

퍼펫을 통한 치료놀이는 메타포를 통해 교훈, 지지, 위로와 같은 상징적인 메시지를 전달하거나 위기 앞에 놓인 내담자의 감정을 정화하는 데 크게 이바지할 수 있다. 또한, 위기의 장면을 실제로 퍼펫을 통해 연기하게 됨으로써 용기와 안정을 얻을 수 있다. '양 떼를 지켜라' 치료모델은 퍼펫을 사용할 수 있도록 제작되었다. 퍼펫을 게임 중간에 사용함을 통해 내담자의 직접적인 목소리를 끄집어낼 수 있으며 이를 통해 문제 해결을 촉진하기 위한 치료적 가능성을 제공할 수 있다.

'양 떼를 지켜라' 치료모델은 21개의 구조화된 질문과 더불어, 질문마다 수행 가능한 추가적인 질문으로 구성된다. 상담사는 구조화된 질문 속에서 퍼펫을 사용하여 내담자의 치료적 과정을 촉진할 수 있다.

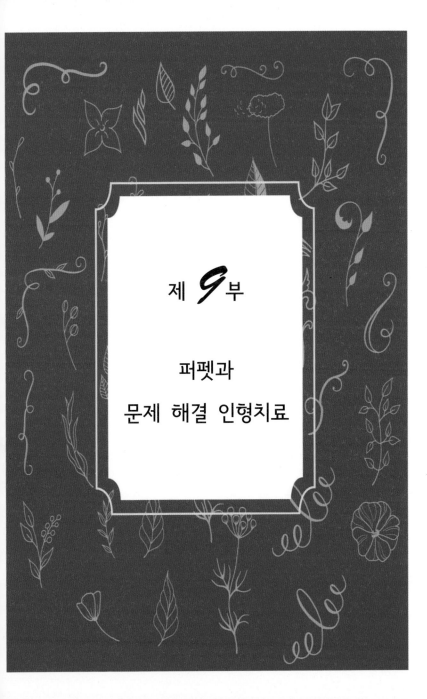

제 **9**부

퍼펫과
문제 해결 인형치료

본 치료모델인 양 떼를 지켜라에 등장하는 동물인 양, 개, 늑대 외에도 다양한 동물들을 활용하여 문제 해결 인형치료를 할 수 있다. 특히 퍼펫과의 연결 작업을 통해 인형과 은유, 퍼펫의 통합적인 사용이 가능하다.

1. 양치기가 우리를 돌보지 않아요

* 대상 : 학대, 방임이 있거나 부모가 너무 바빠서 돌봄이 불충분한 아동과 청소년, 불안정 애착을 보이는 아동과 청소년.

1) 이야기

한 양치기가 양들을 키우고 있어요. 양치기 개와 함께 맛있는 풀이 있는 곳으로 데려가고 늑대와 여우 같은 동물로부터 양들을 지켜주었어요. 지금 머무는 곳은 양들이 좋아하는 맛있는 풀이 있지만, 늑대들이 가끔 출몰하는 지역이에요. 어느 날부터 양치기는 친구들을 만나서 놀기 위해 자주 자리를 비웠어요. 그때마다 양치기 개가 충성스럽게 양들을 지켰어요. 하지만 점점 양치기는 점점 양들을 돌보는 일에 무관심했어요. 하다못해 양치기 개에게도 사료를 챙겨주지 않고 굶겼어요. 배고픈 양치기 개는 힘이 없어서 양들을 지키기 어려웠어요. 주변에는 늑대뿐 아니라 여우도 있어 위험했어요. 양치기가 양들을 돌보는 일을 하지 않자 늑대와 여우가 주변을 어슬렁거렸어요. 양들은 너무나 무서웠어요.

2) 치료적 구조

학대적 정황을 진단하고 퍼펫을 사용하여 문제 해결 능력을 촉진 시킬 수 있는 치료의 가능성을 높일 수 있다. 양치기는 보호자의 상징체계를 갖고 있으며 양치기의 돌봄 속에서 양 떼와 양치기 개가 안전하게 살아갈 수 있다. 그런데 이런 양치기가 아무런 일도 하지 않고 양 떼를 잘 돌보지 않고 양치기 개에게 사료도 주지 않고 방치한다. 이러한 스토리는 방임과 학대에 노출된 아동과 청소년에게 활용도가 높다. 양치기는 부모로 동일시되어 부모의 역할을 하지 못하는 정황과 여기에 대한 내담자의 감정과 생각을 탐색할 수 있다. 또한, 위기 상황에 놓인 내담자에게 문제 해결의 자원을 촉진할 수 있는 모델이다. 보호와 돌봄을 제공하지 않는 보호자에게 소통할 수 있는 긍정적 자원을 촉진한다.

3) 구체화 질문

(1) 양치기가 양치기 개와 함께 열심히 양들을 돌본다. 이때 양들은 어떤 마음일까?

* 퍼펫 사용 : 양 퍼펫을 이용해서 안전하고 따뜻한 환경 가운

데 있는 심정을 말하게 한다.

(2) 양치기가 친구와 노는데 빠져서 이제는 양들을 돌보지 않는다. 이때 양들은 어떤 상황에 놓이게 될까?

* 퍼펫 사용 : 양 퍼펫을 이용해서 더는 안전하고 따뜻한 환경이 아닌 상황을 말하게 한다.

(3) 양치기가 돌보지 않는 상황 속에서 양들은 어떤 심정일까?

* 퍼펫 사용 : 양 퍼펫을 이용해서 심정을 말하게 한다.

(4) 양치기가 사료도 주지 않아서 배고파 힘이 없는 양치기 개는 양들에게 어떤 심정일까?

* 퍼펫 사용 : 양치기 개 퍼펫을 이용해서 양에게 말하게 한다 (여기서 양치기 개 역시 양치기와 더불어 내담자의 보호자를 의미한다. 어떤 사정이 생겨 돌봄과 보호를 제공하지 못하게 된 개의 처지를 공감하고 해결책을 촉진하기 위한 주제이다.)

(5) 점점 여우와 늑대들이 주변을 어슬렁거리며 기회를 노

리는 상황인데 양치기는 제대로 돌보지 않고 있다. 양치기

개는 배가 너무 고파 힘이 없다. 양들은 어떻게 이 상황을

해결해야 할까?

(6) 양치기는 친구와 노느냐고 이 상황을 모르고 있다. 양

들은 양치기에게 이 상황을 어떻게 전달할 수 있을까?(소통

의 방식을 생각하고 촉진하는 주제이다.)

* 퍼펫 사용 : 양 퍼펫으로 양치기에게 제발 우리에게 관심을

  가지고 돌보아 달라고 부탁하게 한다(학대와 방임에 놓인 아

  동과 청소년은 여기서 강한 감정적 몰입이 이루어지며 또는

  회피적 대응이 일어날 수 있다. 내담자의 반응을 살펴서면서

  감정조절을 해야 한다.)

(7) 돌봄을 받지 못하는 양들에게 조언해준다면 어떠할

까?(자신을 객관화시켜 자신에게 긍정의 메시지를 보내는 작

업이다.)

* 퍼펫 사용 : 양 퍼펫을 향해 내담자가 말을 하게 한다. (양 퍼

  펫은 상담사가 들고 있거나, 또는 내담자가 들고 한다)

(8) 양치기와 양치기 개에게 하고 싶은 말을 퍼펫으로 말하게 이끈다.

* 퍼펫 사용 : 양 퍼펫을 이용해서 말을 하게 한다.

(9) 양치기, 양치기 개, 양 중에서 무얼 선택하고 싶은가?

(10) 양치기, 양치기 개, 양 중에서 가장 선택하고 싶지 않은 것은 무엇인가?

2. 용기를 내어 친구에게 다가가요

* 대상 : 또래 집단과 친한 친구를 사귀는 사회적 기술을 향상
하는 것이 필요한 아동과 청소년, 이성과 동성 친구에게 용기
내어 다가가는 훈련이 필요한 아동과 청소년

1) 이야기

양(사슴 또는 염소 등 다양한 동물 선택 가능) 한 마리가
다른 양과 친구가 되고 싶었어요. 하지만 다른 양은 반에서
인기가 높아서 양들 사이에서 관심의 대상이었어요. 양은 용
기를 내어 말을 걸까 고민했어요. 혹시 싫어할까 봐 두렵기도
하고 다른 양들과 먼저 친해질 것이 걱정되기도 했어요. 양은
어떻게 자기의 마음을 전달하고 친구를 사귀어야 할까요?

2) 치료적 구조

친구가 되고 싶은 양과 어떻게 친해지는지를 다루는 치료
적 구조를 갖는다. 새롭게 친구들을 만나게 되었을 때 낯선
아이들 사이에서 또래 집단을 형성하고 친한 친구를 사귀는
것은 가장 중요한 사회적 적응의 과정이다. 또래 집단을 형

성하고 친한 친구를 사귀기 위한 기회를 찾아내고 용기가 있게 자신의 의사를 표현하는 것은 가장 중요한 사회적 기술 능력에 속한다.

3) 구체화 질문

(1) 새로운 학년이 되어서 새로운 친구들을 만나게 되었다. 여기서 양 한 마리가 다른 양과 친구가 되고 싶었다. 우리의 양은 어떻게 해야 하겠는가?

(2) 난 친구(이성 또는 동성)를 사귀기 위해서 어떻게 하는가?

* 퍼펫 사용 : 양 퍼펫으로 어떻게 하는지 말하게 한다.

(3) 마음을 표현하기로 마음을 먹었다. 힘들게 고민하고 용기를 내어 말을 걸었다.

* 퍼펫 사용 : 퍼펫으로 내가 양이 되어 호감이 가는 양에게 말을 건다.

(4) 우리의 양이 되어 호감이 가는 양과 함께 대화한다.

* 퍼펫 사용 : 퍼펫으로 내담자가 우리의 양이 되고 상대 친구가 된 상담사가 서로 재미있게 대화를 한다. 이때 상담사는 대화의 주제를 본인이 찾아내어 주도하기보다 내담자를 보조하면서 대화를 진행한다.

(5) 어느 쪽 양이 마음에 드는가?

(6) 마음에 들지 않는 것은 무엇인가?

3. 양치기가 사라질까 봐 두려워요

* 대상 : 분리 불안을 가진 아동, 겁이 지나치게 많고 수동적인
  아동

1) 이야기

어린양은 양치기만 졸졸 따라다녀서 양치기는 졸졸이라고 별명을 붙여주었어요. 어린 양은 양치기가 가는 곳은 언제나 앞장서서 함께 다녔어요. 양치기도 그런 어린양을 특별히 사랑해주었어요. 양치기가 급한 볼일이 생겨 양들이 있는 초원을 떠났어요. 양들은 양치기가 없어져서 불안했지만 다시 금방 올 것이라고 믿고 풀을 먹고 있었어요. 하지만 졸졸이는 너무나 무서웠어요. 양치기가 혹시 안 오면 어떡하지? 양치기가 돌아오다가 무슨 사고라도 나서 못 오면 어떡하지? 양치기가 더 이상 양들을 돌보는 것이 싫어져서 오지 않으면 어떡하지? 라는 생각들이 올라와서 너무 힘들었어요.

2) 치료적 구조

엄마와 떨어지지 못하는 분리 불안을 보이는 아동을 위한

치료적 개입모델이다. 아동이 엄마와의 과도한 분리 불안과 지나친 겁이 많은 행동은 아동 본인뿐 아니라 주변 사람들에게도 어려움을 발생한다. 은유를 통해 자기와 유사한 상황을 간접적으로 객관화시키고 내면에 있던 생각과 감정을 표현하도록 이끌 수 있다. 퍼펫을 통해서 자기의 감정과 생각을 나타내며 상담사와의 상호작용을 통해 불안감을 감소시킬 기회를 얻게 될 수 있다. 막연한 불안과 두려움을 의식 밖으로 끄집어내어 다루게 되면 불안감이 완화될 수 있다.

3) 구체화 질문

(1) 양치기만 졸졸 따라다니는 어린양은 어떤 양인가? 왜 그렇게 하는 것 같은가?

* 퍼펫 사용 : 내담자는 양이 되어 퍼펫으로 말하게 한다.

(2) 양치기는 자기만 졸졸 따라다니는 어린양이 어떠할까?

* 퍼펫 사용 : 퍼펫으로 말하게 한다.

(3) 양치기만 졸졸 따라다니는 어린양을 보는 주변 양들은

어떻게 생각을 할까?

(4) 양치기가 갑자기 없어져서 어린양은 너무 무서웠어요. 이때 어떤 심정인가?

* 퍼펫 사용 : 퍼펫으로 말하게 한다.

(5) 무서워 떨고 있는 어린양에게 양치기가 하고 싶은 말이 무엇인가?

(6) 무서워하는 어린양에게 조언한다면?

* 퍼펫 사용 : 양 퍼펫을 향해 내담아동이 말하게 한다.

(7) 나도 어린양처럼 엄마가 없어질 때 무서운 적이 있나요. 이때 나는 어떻게 했어요?

(8) 양치기가 돌아와서 어린양을 위로한다.

* 퍼펫 사용 : 상담사가 양치기 개 퍼펫을 가지고 양 퍼펫을 향해 "졸졸아 많이 무서웠구나. 괜찮아?"라고 말해준다. 이어서 위로의 문구를 내담아동과 함께 만들어간다. 이때 어린양은

어떤 말을 듣고 싶은지 물어본다.

(9) 양치기와 어린양 중 누가 마음에 드는가?

(10) 양치기와 어린양 중 누가 마음에 들지 않는가?

4. 양치기 개가 짜증나요

* 대상 : 어머니와의 관계가 애증 관계로 뒤얽힌 아동과 청소
  년, 어머니의 정서적 쓰레기통의 역할을 하는 아동과 청소년,
  부모와의 소통의 문제를 가진 아동과 청소년

1) 이야기

어느 푸른 초원에 양들이 사이좋게 잘살고 있어요. 우리의
주인공 어린양은 호기심이 많아서 이곳저곳으로 뛰어다녔어
요. 그럴 때마다 양치기 개가 조심하라고 혼을 냈어요. 어느
순간부터 양치기 개는 늘 어린양을 보면 화를 내고 잔소리
를 했어요. "왜 이쪽으로 안 가냐, 저쪽으로 가야지"라며 늘
화가 나서 명령을 했어요. 어린양은 처음엔 내가 무언가 잘
못해서 그런가 했는데, 어느 순간부터 언제나 화가 나 있는
양치기 개가 싫어졌어요. 유독 자기에게만 엄격하고 화를 내
는 것 같아서예요. 어린양은 어떻게 양치기 개와의 짜증 나
는 관계를 다루어야 할까요?

2) 치료적 구조

양육자인 어머니, 아버지와 애증 관계를 형성하며 부모 자녀의 관계에서 정서적으로 분리가 안 되는 관계의 문제를 다룰 수 있다. 어머니는 자신이 부부관계와 일상에서 받는 스트레스를 아동에게 투사하여 과도하게 감정적으로 뒤얽힌 부모－자녀 관계가 만들어질 수 있다. 이때 자녀는 어머니의 '정서적 쓰레기통' 역할을 할 가능성이 있다. 자녀는 이 상황 속에서 엄마와 정서적으로 분리가 되지 않아서 분노, 죄책감, 수치심 등 부정적 감정으로 인해 고통을 받게 된다. 따라서 엄마와의 정서적 뒤얽힘이 엄마를 거부하게 만든다. 자녀의 문제를 회복하기 위해서는 어머니 쪽의 변화가 필요하지만, 아동 내담자가 엄마와의 관계에서 받았던 혼란스러운 감정을 정리하고 안전하게 표출할 기회를 얻는 것이 필요하다.

3) 구체화 질문

(1) 양치기 개가 어린양을 볼 때마다 사납게 짖고 화를 냈어요. 이때 어린양은 어떤 심정일까? (먼저, 내담자로부터 언어적 진술을 들은 후 퍼펫으로 진행한다)

* 퍼펫 사용 : 퍼펫으로 말하게 한다. 어린양이 어떤 마음이고 어떤 힘든 점이 있는지 구체적으로 진술하게 한다.

(2) 말을 잘 듣지 않는 어린양에게 양치기 개는 사납게 행동한다. 양치기 개는 어떤 마음일까?
* 퍼펫 사용 : 개 퍼펫으로 말하게 한다.

(3) 어린양은 양치기 개의 이런 행동에 대해 어떤 마음일까?
* 퍼펫 사용 : 퍼펫으로 말하게 한다.

(4) 어린양이 양치기 개에게 원하는 것이 무엇인가?
* 퍼펫 사용 : 퍼펫으로 말하게 한다.

(5) 어린양이 양치기 개에게 힘든 것을 말하게 한다.
* 퍼펫 사용 : 퍼펫으로 말하게 한다.

('나는……. 이다.' 라는 I - 메시지를 기반으로 말하게 한다. 이때 어린양의 말을 들은 양치기 개는 상담사가 역할을 하며 어린양의 말을 반영해준다. 어린양이 한 말을 요약해서

"힘들었겠구나, 미안해"하고 말한다. "네가..........이래서 힘들었다는 거구나. 미안해."라는 도식으로 말한다.)

(6) 힘든 이야기를 양치기에게 말하고 양치기 개의 사과를 받은 어린양인 어떠한가? 어떤 심정일까?

* 퍼펫 사용 : 퍼펫으로 말하게 한다.

(7) 양치기 개와 양 중에 마음에 드는 것은?

(8) 양치기 개와 양 중에 마음에 들지 않는 것은?

5. 양치기와 양치기 개가 사이가 안 좋아요

* 대상 : 부부싸움을 자주 하는 부모를 둔 아동과 청소년

1) 이야기

양치기와 양치기 개의 돌봄으로 양들은 잘살았어요. 그런데, 언제부터 둘 사이가 나빠졌어요. 양치기는 양치기 개에게 막 화를 내고 그럴 때마다 양치기 개는 마음이 아팠어요. 이제 양치기 개는 양치기를 좋아하지 않게 되었어요. 예전처럼 양치기를 따르지 않았어요. 양들은 둘이 서로 사이가 안 좋은 모습을 보는 것이 불안했어요. 둘이 서로 생각도 다르고 서로 대화도 잘 안 되어 양들을 돌보는데 실수를 하게 되었어요. 사이가 안 좋아진 후부터 양치기와 양치기 개는 양들에게 자주 화를 냈어요. 양들은 둘의 사이가 다시 좋아졌으면 좋겠는데 매일매일 사이가 안 좋은 모습만 봐야 했어요.

2) 치료적 구조

본 은유는 부부 갈등 상황을 표현한 것으로, 부모의 부부 갈등의 상황 속에서 받게 되는 상처를 안전하게 다루고 부모가 가진 문제를 객관적으로 볼 수 있는 치료적 경험을 제공한다. 가족에서 벌어지는 많은 문제는 언제나 부부 갈등이 원인이 되며 자녀 문제의 주요 뿌리가 된다. 본 치료모델에서 내담자는 은유를 통해 부부 갈등을 직면하게 되고 여기서 느꼈을 감정을 정화하고 치료적 개입의 경험을 하게 된다.

3) 구체화 질문

(1) 양치기와 양치기 개가 사이좋게 서로 잘 협력해서 양들을 돌본다. 양치기와 양치기 개는 서로 많은 대화를 하고, 자주 대화 중에 웃기도 하며 행복해한다. 이런 모습을 보는 양들은 어떤 심정일까?

* 퍼펫 사용 : 퍼펫으로 말하게 한다.

(2) 어느 날 양치기와 양치기 개의 사이가 안 좋다. 자주

둘은 싸우고 화해를 하지 않고 지낸다. 이때 양들은 어떤 심정일까?

* 퍼펫 사용 : 퍼펫으로 말하게 한다.

(3) 사이가 안 좋은 양치기와 양치기 개는 서로 다투고 나면 양들에게 자주 화를 냈다. 양들에 대해 자주 짜증을 내고 화를 내는 양치기와 양치기 개를 양들은 어떻게 생각하겠는가?

* 퍼펫 사용 : 퍼펫으로 말하게 한다.

(둘의 다툼은 양들의 행동과는 무관한 것이다. 부모의 부부 갈등 속에서 자녀들이 느끼는 과도한 죄책감과 수치심을 안전하게 다루기가 가능하다)

(4) 양치기와 양치기 개가 다툴 때 양들은 어디서 무슨 행동을 할까? (부모의 다툼에 대한 자녀의 행동 패턴을 볼 수 있는 질문이다)

(5) 양치기와 양치기 개가 싸우는 것을 보고 특정 행동(위의 질문의 내용)을 하는 모습을 둘이 보았다. 미안해진 양치기와 양치기 개가 양에게 다가와서 사과한다. (상담사가 양치기와 양치기 개가 되어 양에게 사과한다)

* 퍼펫 사용 : 개 퍼펫으로 상담사가 양 퍼펫에게 말한다.

(6) 양들이 양치기와 양치기 개에게 다투지 말라고 부탁을 한다.

* 퍼펫 사용 : 양 퍼펫으로 말하게 한다.

(7) 양치기와 양치기 개가 사이가 안 좋아서 힘들어하는 양들에게 내담자가 조언한다.

* 퍼펫 사용 : 양 퍼펫에게 내담자가 말하게 한다.

(8) 양치기, 양치기 개와 양 중에 나는 누가 마음에 끌리는가?

(9) 양치기, 양치기 개와 양 중에 나는 누가 마음에 들지 않는가?

6. 양치기가 사과해요

* 대상 : 부모 중 누군가를 심하게 무서워하는 아동과 청소년, 권위자에 앞에 위축되는 아동과 청소년, 권위자와 관계에서 소통을 잘하지 못하는 아동과 청소년, 부모의 잘못된 행동으로 상처를 입은 아동과 청소년

1) 이야기

어느 초원에서 양들을 치는 양치기는 아주 엄격한 양치기에요. 어느 날 양들을 데리고 다른 풀밭으로 데리고 갔어요. 하지만 양들은 가고 싶지 않았어요. 지금 있던 곳의 풀이 맛이 있어서 계속 있고 싶었어요. 하지만 양치기는 양들을 억지로 다른 풀밭으로 데리고 갔어요. 그런데 이곳 풀밭에는 먹을 수 없는 독초 풀이 많았어요. 나쁜 풀을 먹은 양들은 배가 아파서 고생했어요.

2) 치료적 도식

아동과 청소년 중 부모를 비롯한 권위자에게 지나치게 주눅이 들어 있을 수 있다. 이들은 권위자에 대한 두려움과 불

편감으로 자신의 주장과 생각을 자유롭게 표현하지 못한다. 본 치료모델은 이러한 내담자에게 자기의 생각과 주장을 표현할 기회를 제공하며 기존의 방식과 다른 형태 속에서 관계를 재구조화 할 것을 요구한다. 이를 통해 내담자는 자신이 권위자와의 관계 방식을 객관적으로 관찰하게 하여 이를 토대로 새로운 관계 형성을 위한 경험을 갖게 된다. 부모의 잘못된 양육이나 행동으로 자녀들은 상처를 받을 수 있다. 이것을 무시하고 지나가면 트라우마가 될 수 있다. 본 게임을 통해 내담자는 부모의 잘못된 행동을 사과받고 위로받을 기회를 가질 수 있으며 이를 통해 상처를 회복할 기회를 얻게 된다.

3) 구체화 질문

(1) 양들은 맛있는 풀이 있는 초원에서 너무 행복하게 잘 지냈다. 어느 날 양치기가 양들을 다른 초원으로 데리고 가려고 한다. 양들은 가기 싫었지만 양치기는 가야만 한다고 말했다. 이때 양들은 어떤 심정일까?

* 퍼펫 사용 : 양 퍼펫으로 말하게 한다.

(2) 양들은 양치기를 따라서 이사를 했다. 하지만 이사를 한 풀밭은 몹시 나쁜 풀이 가득했다. 양들은 어떤 마음일까?

* 퍼펫 사용 : 양 퍼펫으로 말하게 한다.

(3) 양들이 양치기에게 이 사실을 어떻게 전할 수 있는가?

* 퍼펫 사용 : 양 퍼펫으로 말하게 한다.

(4) 양들이 이 사실을 전하자 양치기가 혼을 냈다. 이때 양들은 어떤 심정이었을까?

* 퍼펫 사용 : 양 퍼펫으로 말하게 한다.

(5) 양들이 양치기에게 하고 싶은 말이 무엇일까? (먼저 내담자가 언어적 진술을 하게 하고 퍼펫을 사용한다.)

* 퍼펫 사용: 퍼펫으로 말하게 한다.

('나는……. 이다.' 라는 I- 메시지를 기반으로 말하게 한다. 이때 어린양의 말을 들은 양치기 개는 상담사가 역할을 하며 어린양의 말을 반영해준다. 어린양이 한 말을 요약해서

"힘들었겠구나, 미안해"하고 말한다. "네가..........이래서 힘들었다는 거구나. 미안해"라는 도식으로 말한다.)

　(6) 양치기의 사과를 받은 양은 어떠한가? 어떤 심정일까?
* 퍼펫 사용 : 양 퍼펫을 향해 양치기가 말하게 한다.

　(7) 양과 양치기 중에 나는 누가 마음에 끌리는가?

　(8) 양과 양치기 중에 나는 누가 마음에 들지 않는가?

7. 어린양이 길을 잃었어요

* 대상 : 분리 불안 아동, 겁이 많은 아동과 청소년, 방향성을 상실하고 혼란스러워하는 아동과 청소년

1) 이야기

어린양은 친구와 잘 놀았어요. 어느 날 염소 친구와 놀고 있었어요. 둘이 함께 먼 곳까지 가서 놀다가 길을 잃어버렸어요. 늘 양치기가 보이는 지점까지만 가서 놀았는데 양치기가 보이지 않았어요. 어린양은 겁이 났어요. 하지만 점점 더 깊은 숲으로 들어갔어요. 함께 놀던 염소도 안 보였어요. 어린양은 점점 더 불안해져서 너무 무서웠어요.

2) 치료적 구조

본 치료모델은 낯선 사람, 낯선 환경에 처했을 때 내담아동의 불안과 두려움을 다룰 수 있다. 주 양육자한테서 떨어져서 혼자가 되는 것은 가장 두려운 상황이다. 내담아동은 자기를 보호할 대상이 사라진 순간 스스로 문제를 해결해야한다. 치료적 은유 속에서 혼자가 되어 아무도 도움을 줄 수

없는 상황 속에서 내담아동은 스스로 해결할 가능성을 찾으며 불안을 스스로 경감시켜줄 가능성을 찾게 한다. 이러한 은유를 통한 치료적 경험은 내담아동의 문제 해결 능력을 촉진할 수 있다.

3) 구체화 질문

(1) 어린양은 호기심도 많고 잘 놀아요. 양치기는 늘 어린양을 보호해요. 어린양은 매일 매일 재미있어요.

* 퍼펫 사용 : 양 퍼펫으로 매일 매일 재미있다는 것을 표현하게 한다.

(2) 어린양은 친구와 노느라 양치기로부터 멀어졌다. 이런 어린양에게 하고 싶은 말은 무엇인가?

* 퍼펫 사용 : 내담자가 양 퍼펫을 향해 말하게 한다.

(3) 양치기는 어린양이 없어져서 열심히 찾아다녔다. 이때 양치기의 심정은 어떠할까?

* 퍼펫 사용 : 양치기 개 퍼펫을 들고 말하게 한다.

(4) 같이 놀던 염소와도 헤어지게 된 어린양은 혼자 숲에 있다. 어린양은 어떤 심정일까?

* 퍼펫 사용 : 양 퍼펫을 향해 말하게 한다.

(5) 어린양은 혼자 숲에 있다. 어린양은 어떻게 해야 다시 안전하게 집으로 돌아올 수 있나요? 길을 잃고 혼자가 된 어린양에게 가장 필요한 것은 무엇인가?

* 퍼펫 사용 : 치료사가 양 퍼펫을 들고 있고 내담아동이 퍼펫을 향해 말하게 한다.

(6) 어린양이 길을 헤매다 찾아 나선 양치기와 드디어 만났다. 어린양은 무슨 말을 할까?

* 퍼펫 사용 : 양 퍼펫이 말하게 한다.

(7) 어린양이 길을 헤매다 찾아 나선 양치기와 드디어 만났다. 양치기는 무슨 말을 할까?

* 퍼펫 사용 : 양 퍼펫을 향해 말하게 한다.

(8) 어린양과 양치기 중에 나는 누가 마음에 끌리는가?

(9) 어린양과 양치기 중에 나는 누가 마음에 들지 않는가?

참고문헌

김준기. (2009). **영화로 만나는 치유의 심리학: 상처에서 치유까지 트라우마에 관한 24가지 이야기.** 서울: 시그마북스

나경수. (2013). **12띠의 민속과 상징 양띠.** 서울: 국학자료원.

노경희. (2016). **우울한 아동에 대한 인형치료 진단평가연구.** 명지대학교 사회교육대학원. 석사학위논문.

박영수. (2007). **유물 속의 동물상징이야기.** 서울: 내일아침.

이윤주, 양정국. (2017). **밀턴 에릭슨 상담의 핵심.** 은유와 최면. 서울: 학지사.

정은정. (2004). **주의력 결핍과잉 행동 장애 아동의 실행기능.** 이화여자대학교 대학원. 박사학위 논문.

최광현. (2014). 청소년 내담자를 위한 인형치료에서 '내면아이'의 중요성과 치료적 활용에 관한 사례연구. **청소년시설환경, 12**(4), 211-223.

최광현. (2015). **가족의 발견.** 서울: 부키.

최광현. (2017). 동물인형사파리와 수(數) 상징체계 - 인형치료에서의 청소년내담자를 중심으로. **청소년시설환경, 15**(1), 97-106.

최광현, 선우현. (2016) **인형치료.** 서울: 학지사.

한병철. (2012). **피로사회.** 서울: 문학과지성.

Bair, D. (2003).「**융, 분석심리학의 창시자**」(정영목 역). 서울: 열린책들.

Bastian, T. (2005).「**가공된 신화 인간**」(손성현, 박성윤 역). 서울: 시아출판사.

Bauer, J. (2010).「**협력하는 유전자**」(이미옥 역). 서울: 생각의나무.

Bradshaw, J. (2003).「**수치심의 치유**」(김홍찬, 고영주 역). 서울: 사단법인 한국기독교상담연구원.

Burns, G. W. (2009).「**마음을 치유하는 101가지 이야기**」(김춘경 역). 서울: 학지사.

Campbell, J. (2018).「**천의 얼굴을 가진 영웅**」(이윤기 역). 서울: 민음사.

Drewes, A. A. & Schaefer, C. E. (2018). *Puppet play therapy. A Practical Guidebook,* New York, London: Routledg.

Ellis, A. (1998). *Rational emotive behavior therapy: A therapist's guide. San Luis* Obispo, CA: Impact.

Erickson, M. (2020). 「**밀턴 에릭슨이 상담가에게 답하다**」 (이병호, 정귀수 역). 서울: 저절로북스.

Estes, C. P. (2013). 「**늑대와 함께 달리는 여인들**」 (손영미 역). 서울: 이루.

Franz, V. (2007). 「**융 심리학과 고양이**」 (심상영 역). 서울: 한국심층심리연구소.

Franz, V. (2017). 「**영원한 소년과 창조성**」 (홍숙기 역). 서울: 한국융연구원.

Franz, V. (2018). 「**민담의 심리학적 해석**」 (이부영, 이광자 역). 서울: 한국융연구원.

Franz, V. (2020). 「**민담 속의 여성성**」 (박영선 역). 서울: 한국융연구원.

Franz, V. (2021). 「**민담 속의 그림자와 악**」 (이부영, 이광자 역). 서울: 한국융연구원.

Freud, S. (2020). 「**문명 속의 불만 - 프로이트 전집 12**」 (김석희 역). 서울: 열린책들.

Jung, C. G. (1996). 「**인간과 상징**」 (이윤기 역). 서울: 열린책들.

Jung, C. G. (2001). *Gesammelte Werke Bd. 12. Psychologie und Alchemie,* Walter-Verlag.

Jung, C. G. (2016). 「**아이온: 어딘가에서 잃어버린 자기를 찾아서**」 (김세영 역). 서울: 부글북스

Kellert, S. R. (2015). 「**잃어버린 본성을 찾아서: 일상에서 어떻게 자연을 회복할 것인가**」 (김형근 역). 서울: 글항아리.

Konrad, Z. R. (2002). 「**인간은 어떻게 개와 친구가 되었는가**」 (이동준 역). 서울: 간디서원.

Lewin, K. (2016). 「**사회적 갈등 해결하기 : 공동체가 나아갈 방향을 제시하는 집단 역학에 관한 에세이**」 (정명진 역). 서울: 부글북스.

May, R. (2013). 「**권력과 거짓순수**」(신장근 역). 서울: 문예출판사.

O'Conner, K. J. (1991). *The play therapy primer. An integration of theories and techniques,* New York: Willey.

Radinger, E. H. (2018). 「**늑대의 지혜**」(전은경 역). 서울: 생각의힘.

Robinson, D. (2012). 「**내 인생을 힘들게 하는 좋은 사람 콤플렉스**」(유지훈 역). 서울: 소울메이트.

Rorenz, K. (2003). 「**인간은 어떻게 개와 친구가 되었는가**」(이동준 역). 서울: 간디서원

Sandford, J. (2010). 「**융 심리학과 치유**」(심상영 역). 서울: 한국심층심리연구소.

Vygotsky, L. (1978). *Interaction between Learning and development. In Mind and Society, Cambridge,* MA: Harvard University Press.

<행동관찰 평가척도>

회기	날짜		이름	

	비조직적인			체계적인
	1	2	3	4	5

과제에 대한 접근

충동적인				신중한
1	2	3	4	5

중단하기에 급한				융통성 있는
1	2	3	4	5

경직된				계속하는
1	2	3	4	5

주의력과 활동성

명료하지 않은, 과도하게 명료한				명료한
1	2	3	4	5

주의가 분산되는			주의를 기울이고 과제 지향적인	
1	2	3	4	5

저조한 운동 활동, 과도한 운동 활동			연령에 적절한 운동 활동	
1	2	3	4	5

개인적 - 정서적 - 사회적 측면

저항적인, 반항적인				협조적인
1	2	3	4	5

자신의 능력에 자신 없는			자신감 있는	
1	2	3	4	5

불안한				여유 있고 편한
1	2	3	4	5

자주 자극적이고 격려하는 것이 필요한			좌절을 인내할 수 있는	
1	2	3	4	5

총 점_____

<문제 해결을 위한 정서적 평가 척도>

	내 용	척 도				
		1	2	3	4	5
1	내담자가 게임을 할 때 실수할까 봐 잘 나서지 않는다.					
2	내담자가 게임을 하고 난 후 기분의 변화가 보인다.					
3	내담자가 게임에서 실패했을 때 잘 받아들인다.					
4	내담자는 게임을 시작하기 바로 전에 실패할까 봐 긴장한다					
5	내담자는 게임을 할 때 적극적인 모습이었다.					
6	내담자는 게임을 하는 동안 무척 지루해했다.					
7	게임을 하는 동안 할 일 없이 우두커니 앉아 있는 편이었다.					
8	내담자는 예상치 않은 질문이나 대응을 해야 할 때 당황하였다.					
9	내담자는 평소에 별로 게임하는 것에 관심이 없다고 생각하면서 잘 하지 못할까 봐 걱정했다.					
10	게임을 할 동안 내담자는 종종 적극적으로 사용할 수 있는 모든 자원을 총 동원해서 대응하였다.					
11	게임에서 힘든 상황에 처했을 때도 긍정적이었다.					
12	내담자는 게임에 흥미를 보였다.					
13	내담자는 유사한 게임을 다시 하고 싶어 하였다.					

역 채점 : 1. 4. 6. 7. 8. 9.

<문제해결능력 척도>

문제해결 능력	의무·책임				생존·안전
	1	2	3	4	5
총점:_____					

<양 떼를 지켜라 문제 해결 인형치료 질문>

어느 산 밑에 살던 한 양치기가 목초지가 넓게 있는 산 중턱으로 양을 데리고 올라왔다. 산 중턱에는 3종류의 개들이 자유롭게 살고 있었다. 한 종류는 마운틴도그, 세퍼트, 골든 리트리버가 각각 서로 무리를 이루고 있었다. 양치기는 산 위에는 늑대가 살기 때문에 양치기 개가 필요했고 3종류의 개 무리 중에서 양치기 개를 선택하게 되었다. 선택받은 한 무리의 마운틴도그는 가장 숫자가 많았다. 강아지를 포함해서 5마리가 되었다. 양치기는 선택된 마운틴도그에게 사료를 제공하였고 개들은 양들을 안전하게 보호하였다. 어느 날 양치기는 급한 일이 생겨 잠깐 산 밑 마을로 내려가게 되었다. 양치기는 개들에게 양들을 잘 보호 할 것을 당부하고 내려갔다. 하필 그때 먼 산에 살던 늑대 떼가 양 떼가 있는 산으로 몰려왔다. 양 떼를 보호해야 하는 마운틴도그에게는 위기의 순간이 닥친 것이다. 어떻게 양들을 지킬 것인가? 내담자는 양치기 개인 마운틴도그 무리가 되어 양 떼를 늑대 떼로부터 안전하게 지켜야 한다.

1) 네가 양치기라면 양치기 개들을 어떻게 선택할까?

2) 네가 개라면 어떻게 양치기에게 선택받도록 자신을 드러낼까?
   (추가적 질문)
   - 네가 이렇게 무언가 선택받으려고 애를 쓰며 선택에 성공
     하거나 실패한 적이 있었는가?

3) 늘 먹이가 충분하지 못해 굶주리던 개에게 양치기 개가 되는
   것은 매력적인 일이었다. 양치기에게 선택을 못 받은 두 무
   리 개들의 심정은 어떠하겠는가?

4) 양치기에게 선택받지 못한 개들에게 충고를 해준다면 어떤
   말을 해주겠는가?

5) 양치기가 산 밑으로 내려가자마자 늑대들이 쳐들어왔다. 늑
   대들의 공격을 받은 개들은 어떠할까?
   (추가적 질문)
   (1) 늑대들이 쳐들어온다는 말을 듣고 어떤 심정인가?
   (2) 어떻게 위기를 극복할 것인가? 여기서 나의 구체적인 행
       동은 무엇인가?

(3) 여기서 나에게 가장 두려운 것은 무엇인가?

(4) 여기서 나에게 가장 지키고 싶은 것(소신, 원칙 등 중요한 자기의 우선사항)은 무엇인가?

(5) 여기서 나에게 가장 원하는 소망은 무엇인가?

* 위의 추가적인 질문은 모두 할 필요는 없다. 상황에 따라 상담사는 질문을 선택하여 사용하면 된다.

6) **구체적으로 어떻게 위기를 극복할 것인가?**

   (내담자가 직접 인형이나 카드를 움직여서 설명하도록 한다.)

7) **(만일 내담자 스스로 협력을 구상하였다면) 다른 개들과 협력하기 위해서 어떻게 할 것인가? 어떻게 그들을 설득할 것인가?**

   (추가적 질문)

   - 게임에서처럼 다른 동료들의 협력을 얻기 위해 애를 쓴 적이 있는가?

8) **내담자가 스스로 협력을 생각하지 못하면 상담사가 다음의 질문을 한다. 다른 개들과 협력을 하면 늑대들과의 싸움에서 이길 가능성이 있다, 협력을 하기 위해서 어떻게 할 것인가? 어떻게 그들을 설득할 것인가?**

9) 다른 개들이 협력을 거부하면 어떻게 할 것인가?

(추가적 질문)

- 다른 동료들의 협력을 얻기 위해 애를 쓴 것이 실패한 적
  이 있는가?

10) 주변에 있는 선택 받지 못한 개들은 늑대들의 공격에 어떤
심정일까?

11) 늑대들이 주변 개들에게 전령을 보내어 함께 양 떼를 공격
하자고 설득한다. "우리 늑대들만의 힘으로 양치기 개들을
충분히 이기고 양 떼를 잡아먹을 수 있지만 함께 하면 더
좋을 것 같다.""참여하면 기꺼이 양들을 나눠줄 것이다."
늑대들이 "우리 함께 공격해서 같이 양들을 먹자"는 제안에
개들은 설득당한다. 이제 세 곳에서 쳐들어온다. 어떻게 할
것인가?

12) 늑대들이 양치기 개들에게 양 몇 마리만 넘기면 물러갈 것
이라고 협상을 제안한다.

13) 다른 무리의 개들 협력과 이루어지고, 양치기 개들이 최선

을 다해서 지켰고 그런 분위기에 주눅이 들어 늑대들이 물러갔다. 얼마 후 양치기가 돌아왔다. 양치기가 양치기 개들이 최선을 다해 지켜 양들이 무사한 것을 알게 되었다. 이때 양치기는 어떻게 행동하겠는가?

14) 양치기가 양들을 지킨 보상으로 무엇을 줄 것인가?

15) 양치기가 양치기 개들에게 보상을 안 주면 어떻겠는가?
(추가적 질문)
– 무언가 애를 썼지만 이것에 대한 충분한 보상을 받지 못한 경우가 있었는가?

16) 양치기가 오해를 하고 양치기 개들이 열심히 하지 않았기에 늑대들이 쳐들어왔다고 보고, 오히려 최선을 다해서 양을 지킨 개들을 혼낸다면 어떻겠는가?
(추가적 질문)
– 무언가 애를 썼지만, 이것에 대한 충분한 보상을 받지 못할 뿐 아니라 배신으로 결과가 돌아온 적이 있는가?

17) 양치기와 양치기 개가 다시 잘 지내려면 어떻게 해야 하는가?

18) 여기서 가장 네가 끌리는 역할은 무엇인가?

19) 여기서 가장 마음에 들지 않는 것은 무엇인가?

20) 여기에 등장하는 인물 중에 누가 너 자신과 같은가?

21) 주변에서 양 떼를 틈만 나면 공격하려는 늑대와 같은 사람
    이 있거나, 내 인생의 늑대는 무엇인가?